Veye Tatah (Hg.)

Afrika 3.0

Unser Dank gilt allen, die die Tagung und das Buch möglich gemacht haben. Ganz besonders Prof. Susanne Fengler und Prof. Markus Behmer für die gute Zusammenarbeit und Janis Brinkmann für die redaktionelle Arbeit an diesem Buch.

Für die erfolgreiche Umsetzung des Projektes danken wir unseren Förderern, insbesondere der Stiftung Umwelt und Entwicklung NRW für die langjährige Unterstützung.

Der Verein Africa Positive organisierte die Konferenz als Bestandteil seines 15-jährigen Jubiläums in Kooperation mit dem Erich-Brost-Institut der TU Dortmund und dem Institut für Kommunikationswissenschaft der Otto-Friedrich-Universität Bamberg. Weitere Kooperationspartner waren die Deutsche Welle und die Deutsche Welle Akademie.

Gefördert wurde die Veranstaltung von:

- Stiftung Umwelt und Entwicklung NRW
- Engagement Global – Servicestelle Kommune in der Einen Welt
- Stadt Dortmund

Veye Tatah (Hg.)

AFRIKA 3.0

Mediale Abbilder und Zerrbilder eines Kontinents im Wandel

LIT

Für die Journalisten,
die allen Herausforderungen zum Trotz
realistische Beiträge
über die afrikanischen Länder verfassen.

Umschlagbild: Till Barz

Bibliografische Information der Deutschen Nationalbibliothek
Die Deutsche Nationalbibliothek verzeichnet diese Publikation in der Deutschen Nationalbibliografie; detaillierte bibliografische Daten sind im Internet über http://dnb.d-nb.de abrufbar.

ISBN 978-3-643-12573-6

Verlagskontakt:
Fresnostr. 2 D-48159 Münster
Tel. +49 (0) 2 51-62 03 20 Fax +49 (0) 2 51-23 19 72
E-Mail: lit@lit-verlag.de http://www.lit-verlag.de

Auslieferung:
Deutschland: LIT Verlag Fresnostr. 2, D-48159 Münster
Tel. +49 (0) 2 51-620 32 22, Fax +49 (0) 2 51-922 60 99, E-Mail: vertrieb@lit-verlag.de

Österreich: Medienlogistik Pichler-ÖBZ, E-Mail: mlo@medien-logistik.at
E-Books sind erhältlich unter www.litwebshop.de

Inhalt

Afrika 3.0: Ein Kontinent im Wandel – Vorwort zum Tagungsband 1
Veye Tatah

Einführungsvorträge

Der bunte Kontinent – Begrüßungsrede der Chefredakteurin von *Africa Positive* 7
Veye Tatah

Begrüßungsrede der Botschafterin von Burkina Faso in Deutschland anlässlich des 15-jährigen Bestehens von *Africa Positive* 9
Marie Odile Bonkoungou-Balima

Begrüßungsrede – Glückwunsch an *Africa Positive* 11
Markus Behmer

Impulsvorträge – Das Afrikabild aus wissenschaftlicher Perspektive

Afrikanische Impressionen – Ein Streifzug durch Forschung und Berichterstattung 17
Markus Behmer

Das Afrikabild aus politischer Perspektive – Rede des persönlichen Afrikabeauftragten der Bundeskanzlerin 29
Günter Nooke

Das Afrikabild aus medialer Perspektive – Zeit für die „Neue Aufklärung“ 33
Lutz Mükke

Das Afrikabild aus wirtschaftlicher Perspektive – Hoffnungsloser Fall oder aufstrebende Macht? 41
Silvia Liebrich

Das Afrikabild aus kultureller Perspektive – Gedanken einer angolanischen Künstlerin 49
Manuela Sambo

Das Afrikabild aus journalistischer Perspektive – Ergebnisse einer Inhaltsanalyse deutscher Zeitungen im Frühjahr 2013 55
Marcus Kreutler, Susanne Fengler

The image of Africa in the West from an African perspective – and how the West is being portrayed in the African media landscape 65
Abdualli Awudu

Panels – Vorträge und Diskussion zur Afrikaberichterstattung

Panel 1: Afrikanische Themen in den Medien

Zwischen Wellblechhütten und Wolkenkratzern – Afrika, ein Kontinent im Umbruch 77
Birgit Virnich

Das Afrikabild in deutschen Medien 87
Patrick Leusch

Zusammenfassung des ersten Panels: Afrikanische Themen in den Medien 91
Ildiko Holderer

Panel 2: Alternative Medien in der Afrikaberichterstattung

Afrika! Plädoyer für eine differenzierte Berichterstattung 97
Martin Sturmer

The need for positive stories about Africa – To what extent does the West have a vested interest in negative reporting about Africa? 101
Ama Biney

Zusammenfassung des zweiten Panels: Alternative Medien in der Afrikaberichterstattung 111
Julia Stollenwerk

Panel 3: Afrikanische Medien in der Afrikaberichterstattung

Krieg dem Klischee – Warum differenzierte Berichterstattung nicht in unsere Köpfe will 117
Claus Stäcker

Massa-Servant – Africa and the mass media 123
Japheth Omajuwa

Zusammenfassung des dritten Panels: Afrikanische Medien in der Afrikaberichterstattung 125
Nike Laurenz

Panel 4: Medien und Hilfsorganisationen

Die Chancen der Symbiose zwischen Hilfsorganisationen und Journalisten in der Afrikaberichterstattung 133
Stefan Ewers

Die Risiken der Symbiose zwischen Journalisten und Hilfsorganisationen in der Afrikaberichterstattung 137
John Emeka Akude

Zusammenfassung des vierten Panels: Medien und Hilfsorganisationen 145
Regine Beyß

Panel 5: Berichterstattung und Integration

Ethnische Diversität im Journalistenberuf – Wie können Migranten in den Medien gefördert werden? 155
Janis Brinkmann

Zusammenfassung der Abschlussdiskussion: Zukunft der Afrikaberichterstattung 163
Sarah Tober

Anhang

Biografien der Referenten 167

Afrika 3.0: Ein Kontinent im Wandel – Vorwort zum Tagungsband

Veye Tatah

Ein Bild sagt mehr als tausend Worte. Diese Aussage trifft zu, wenn man das bisherige Afrikabild in Deutschland betrachtet. Viele Zeitungsartikel, Fernsehbeiträge und Dokumentationen haben lediglich das einfache Dorfleben zum Thema – so, als ob es in den afrikanischen Ländern keine Städte gäbe! Filmemacher wie Journalisten sind in der Regel blind gegenüber den „normalen" afrikanischen Menschen und ihren Kulturen. Die Darstellung Afrikas in den Medien ist stark von einer eurozentristischen Perspektive geprägt.

Aber auch umgekehrt dominieren Zerrbilder: Wie sonst ist es zu erklären, dass die in afrikanischen Medien vermittelten Bilder Europas überwiegend von Reichtum und Schönheit künden? Diese einseitigen (Trug-)Bilder wecken in vielen jungen Afrikanern den Drang, nach Europa auszuwandern, um dort an den Früchten des vermeintlichen Paradieses teilzuhaben. Um ein deutsches Sprichwort zu bemühen: Sie wollen dorthin, wo ihnen „die gebratenen Tauben in den Mund fliegen". Der Wunsch, am Reichtum Deutschlands teilzuhaben, ist menschlich – scheitert aber leider meistens an der Realität, die oft so ganz anders ist als die Wunschvorstellungen.

Angekommen in Europa werden Afrikaner zudem mit einem verzerrten Afrikabild konfrontiert, das das Leben in ihren Heimatländern kaum widerspiegelt. Kriege und Krankheiten, Hungersnöte und Hütten, Armut und Aids – so oder ähnlich lauten die negativ besetzten Stereotypen über Afrika in den europäischen Medien. Ähnlich tendenziös sind die Bilder aus Afrika, die man in unseren Fernsehprogrammen sieht: Verzweifelte Flüchtlinge, marodierende Kindersoldaten, dahinsiechende Menschen – kurz: Elend in allen Ecken und Winkeln des Kontinents.

Aber Afrika leidet nicht ausschließlich. Kontrastiert wird dieses Elend mit ebenso unwirklichen, positiv besetzten Stereotypen wie lachenden Kindern und purer Lebensfreude, exotischen Tieren, grandiosen Landschaften und einzigartigen Sonnenuntergängen. Zusammengefasst: Das Afrikabild der westlichen Welt wird von Pessimismus und Rückständigkeit einerseits und von falscher Romantik und stumpfem Postkartenidyll andererseits geprägt.

Dazu kommt die traditionell unterschiedslose Darstellung des afrikanischen Kontinents als homogene Einheit voller Probleme, die jedoch ebenso irrführend und für die Zusammenarbeit zwischen Afrika und Europa kontraproduktiv ist. Auf der anderen Seite konzentriert sich die Afrikaberichterstattung überwiegend auf die sogenannten „4Ks" – Kriege, Korruption, Krankheiten und Katastrophen. Das unspektakuläre, alltägliche Leben der Afrikaner findet selten Beachtung. Der aktive Protagonist ist der helfende Westen, die passiven Hilfeempfänger sind meistens die Afrikaner. Diese erhoffen sich von den Weißen angeblich immer die Errettung aus ihrem Elend. Eigenständige, positive Entwicklungen finden in der Regel keinen Platz, sieht man einmal von Berichten über die Schönheiten der afrikanischen Natur ab.

Die Perspektiven, aus denen viele Afrikaberichte geschrieben werden, vermitteln eine falsche Wahrnehmung – nämlich die, dass Afrikaner ohne die Hilfestellung des Westens nicht in die Lage seien, selbst die Verantwortung für die Lösung ihrer Probleme zu übernehmen. Vor diesem Hintergrund klammern sich viele NGOs und Hilfsorganisationen an den Gedanken, die Entwicklungszusammenarbeit auszuweiten, um den „armen Afrikanern" unter die Arme zu greifen. Um Mitleid bei den Bürgern zu erregen, verwenden NGOs Spendenplakate, die schwarze Menschen überwiegend als arm, rückständig und voller Hoffnungslosigkeit darstellen.

Die große Herausforderung ist in diesem Zusammenhang: Wie können die NGOs ihre Ziele erreichen, ohne dabei die Würde der schwarzen Menschen zu verletzen? Die Werbung vieler Hilfsorganisationen bewirkt, dass Afrikaner häufig als von Geburt an arm und hilfsbedürftig erscheinen – als wäre dieser Zustand das Schicksal jedes Bewohners des afrikanischen Kontinents. Als Konsequenz trauen viele Europäer den Afrikanern in keinerlei Hinsicht eigene Erfolge zu. Man unterstellt ihnen in vielen Bereichen automatisch Inkompetenz und den Hang zur Korruption und geht wie selbstverständlich davon aus, dass die Entscheidungen über die Zukunft der Bevölkerung nur außerhalb des Kontinents getroffen werden können. Diese Darstellungen tragen nicht dazu bei, Afrika als Kontinent mit Potentialen und Chancen zu zeigen. Für Afrika ist es sehr schwer, das mediale Zerrbild aus Armut, Konflikten und Entwicklungshilfe zu korrigieren. Es fällt den meisten Europäern nicht leicht, Afrikaner so zu akzeptieren, wie sie sind, und sich dem Kontinent in seiner Komplexität und Heterogenität mit Wertschätzung zu nähern.

Afrika ist heute nicht mehr das Afrika, das wir vor einigen Jahren kannten. Der Kontinent ist im Wandel: wirtschaftlich, kulturell, sozial und politisch. Eine ausgewogene Berichterstattung muss die Vielfalt und auch die extremen Seiten Afrikas gleichermaßen darstellen: Die wachsende Mittelschicht mit ihrem steigenden

Lebensstandard ebenso wie die ärmeren Bevölkerungsgruppen und ihre fehlende Grundversorgung.

Eine ausgewogenere Berichterstattung über den afrikanischen Kontinent hätte darüber hinaus positive Effekte auf die Wirtschaftsentwicklung vor Ort: Der Anteil der langfristigen Investitionen in Schlüsselbranchen wie Energie, Landwirtschaft und Medizin würde steigen, es gäbe eine wachsende Zahl von Touristen, die wiederum Devisen in den Ländern lassen – eine positive Entwicklungsspirale wäre in Gang gesetzt. Afrika ist der Markt der Zukunft, denn seine Bevölkerung wächst schneller als die vieler westlicher und östlicher Nationen.

Eine Afrikaberichterstattung, die den vielfältigen Ländern des Kontinents gerecht wird, muss einerseits die wahrhaftigen Ursachen der Probleme und Konflikte benennen und mögliche Lösungen vorschlagen. Die Afrikaner müssen andererseits als Akteure in den verschiedensten Rollen selbst im Mittelpunkt des Geschehens stehen. Dadurch könnten die heterogenen Kulturen auf dem Kontinent mit einer höheren Wertschätzung wahrgenommen werden.

Realistische Berichte und Beiträge, in denen die Lebenswirklichkeit der Afrikaner dargestellt und eine Verbindung zum Leben der Menschen in Deutschland hergestellt werden, könnten eine Brücke zwischen den Kontinenten schlagen und eine echte Verbundenheit mit Deutschland und seinen Bürgern aufbauen. Dadurch würde in Deutschland hoffentlich weiteres Interesse an Nachrichten aus Afrika geweckt.

Medien sind heute unverzichtbar. Daher es ist wichtig, objektiv und differenziert über die afrikanischen Nationen zu berichten. Die Herausforderungen und Probleme in den Ländern sollen selbstverständlich nicht verschwiegen werden – im Gegenteil: es sollen immer beide Seiten der Medaille dargestellt werden.

Im Jahr 1998 wurden mit der Herausgabe unseres Magazins *Africa Positive* die ersten Schritte unternommen, einen Beitrag zur Reform des Afrikabildes zu leisten. Dieser Prozess ist jetzt in Gang gekommen und wird von vielen Seiten unterstützt.

Die Beiträge der Referenten auf der Fachtagung „Afrika 3.0 – Mediale Abbilder und Zerrbilder eines Kontinents im Wandel“, die am 21. Juni 2013 im Erich-Brost-Institut für internationalen Journalismus an der Technischen Universität Dortmund stattfand, beleuchten die Probleme und Defizite der Afrikaberichterstattung aus verschiedenen Perspektiven. Wie auch in diesem Tagungsband, der die Ergebnisse der Veranstaltung festhalten soll, kamen unterschiedliche Gruppen zu Wort: Politiker, Journalisten, Wissenschaftler, Studierende und Vertreter der Zivilgesellschaft aus Afrika und Europa haben dazu beitragen, ein Bild von Afrika zu zeichnen, das weniger verzerrt ist, sondern den Blick freigibt auf die Probleme, aber auch auf die Potenziale dieses vielseitigen und vielschichtigen Kontinents.

Strukturell orientiert sich der vorliegende Tagungsband am Ablauf der Fachtagung: Nachdem im ersten Teil die Begrüßungsworte und Einführungsreden eine thematische Grundlage für die inhaltliche Stoßrichtung legen, widmet sich der zweite Teil den Impulsvorträgen, die sich der Afrikaberichterstattung aus wissenschaftlicher Perspektive nähern. Der abschließende dritte Teil des Tagungsbandes bildet die Ergebnisse der Vorträge und Diskussionen der fünf themenspezifischen Panels ab und ermöglicht einen tieferen Blick in die verschiedenen Aspekte der Afrikaberichterstattung in Deutschland und darüber hinaus.

Dabei sind auch die in diesem Buch vertretenen Beiträge so bunt und vielfältig wie Afrika selbst: Wissenschaftliche Analysen stehen neben Werkstattberichten aus der journalistischen Praxis, spezialisierte Vorträge neben weiter gefassten Essays. Dem Umstand, dass neben den Vorträgen auch die Ergebnisse der Debatten und Diskussionen dokumentiert werden sollten, wird durch Zusammenfassungen am Ende der Panels Rechnung getragen, die Studierende des Seminars „Auslandsberichterstattung“ des Instituts für Journalistik an der TU Dortmund verfasst haben. Ein erster Schritt, junge Journalisten und Nachwuchswissenschaftler für die Probleme und Potenziale der Afrikaberichterstattung zu sensibilisieren, ist damit ebenfalls getan.

Veye Tatah (Herausgeberin),
Dortmund, 1. Dezember 2013

Einführungsvorträge

Der bunte Kontinent – Begrüßungsrede der Chefredakteurin von *Africa Positive*

Veye Tatah

Sie können sich nicht vorstellen, wie sehr ich mich freue, dass Sie unserer Einladung gefolgt sind. Dafür, dass wir heute hier zusammenkommen können, bedanke ich mich herzlich bei Prof. Susanne Fengler, der Geschäftsführerin des Erich-Brost-Instituts, und bei Prof. Markus Behmer vom Institut für Kommunikationswissenschaft in Bamberg. Beide haben einen vollen Terminkalender, haben sich aber trotzdem die Zeit genommen, mit unserem Verein die Fachtagung „Afrika 3.0" zu konzipieren und durchzuführen. Das zeigt uns, dass unsere Themen auch für die Wissenschaft wichtig sind.

Der Titel „Afrika 3.0" beschreibt einen aufstrebenden Kontinent mit all seinen Facetten. Das heutige Afrika ist nicht mehr dasselbe, das wir vor einigen Jahren kannten. Der Kontinent ist im Wandel: wirtschaftlich, kulturell sowie soziopolitisch. Diese Entwicklungen sind wichtige Zeichen, dass man den „bunten Kontinent", wie wir ihn seit Jahren nennen, nicht mehr ignorieren, sondern als Partner auf Augenhöhe ernstnehmen sollte. Afrika ist der Markt der Zukunft, denn die Bevölkerung wächst hier schneller als in vielen westlichen Ländern. Als Informatikerin, die Journalismus als Hobby ausübt, war es meine Vision im Jahr 1998, eine ausgewogene und differenzierte Berichterstattung über die 54 afrikanischen Länder und ihre Bevölkerung zu fördern.

Meine Damen und Herren, die Personen unter Ihnen, die unser Magazin *Africa Positive* regelmäßig lesen, werden mir zustimmen, dass wir kritisch und schonungslos die Ereignisse auf dem Kontinent darstellen. Ich finde es schade, dass Menschen, die sich mit unserer Arbeit überhaupt nicht auseinandersetzen, behaupten, dass wir *zu* positiv seien – wie es leider immer wieder geschieht. Für uns ist eines wichtig: Ob als Journalist oder als Wissenschaftler – man sollte im Rahmen seiner Tätigkeit die Wahrheit darstellen und nicht gezielt die Arbeit von anderen Menschen kleinreden. Das hilft keinem, dass erschwert nur unsere Bemühungen.

Heute, nach 15 Jahren, können wir trotz der vielen Schwierigkeiten und Herausforderungen eine erfreuliche Bilanz ziehen. Die positive Resonanz und die Übernahme unserer Themen durch größere Institutionen zeigen, dass ein Wandel in der Wahrnehmung des afrikanischen Kontinents in Deutschland stattfindet. Das freut uns bei *Africa Positive* sehr, wenn wir uns erinnern, dass unsere Initiative vor 15 Jahren noch belächelt wurde.

Heute wollen wir miteinander diskutieren, Erfahrungen austauschen und ausloten, welche Ansätze zur Verbesserung der Afrikaberichterstattung beitragen können. Ich danke allen Referentinnen und Referenten für Ihre Bereitschaft, an unserer Fachtagung mitzuwirken, den Kooperationspartnern *Deutsche Welle* und *Deutsche Welle Akademie* für die tolle Unterstützung sowie den Förderern Stiftung Umwelt und Entwicklung NRW, Engagement Global sowie unserer Stadt Dortmund.

Wie sagt man in Dortmund? Glück auf, für eine erfolgreiche Tagung!

Veye Tatah,
Vorsitzende und Chefredakteurin von *Africa Positive*

Begrüßungsrede der Botschafterin von Burkina Faso in Deutschland anlässlich des 15-jährigen Bestehens von *Africa Positive*[1]

Marie Odile Bonkoungou-Balima

Zuerst möchte ich dem gesamten Team von *Africa Positive* zum 15. Geburtstag des Magazins ganz herzlich gratulieren, insbesondere aber meiner geliebten Schwester Tatah zu ihrem Mut, ihrer Dynamik und ihrer bedingungslose Liebe zu Afrika, dem großen Kontinent der Zukunft.

Vielen Dank für die Einladung, die es mir ermöglicht, ein Steinchen zum Aufbau Afrikas beizutragen. Es ist eine Gelegenheit, vor den anlässlich des 15. Geburtstags von *Africa Positive* hier versammelten Medien von der Entwicklung unseres Kontinents und auch von der Integration der afrikanischen Diaspora in Deutschland zu sprechen.

Als Botschafterin des afrikanischen Landes Burkina Faso in der Bundesrepublik Deutschland freue ich mich sehr über die Existenz von *Africa Positive*. Das Redaktionsteam dieses Magazins zeigt uns ganz konkret, wie es möglich ist, Afrika einmal anders als durch Kriege, Krisen, Hungersnöte, Krankheiten oder wilde Tiere darzustellen – so als ob beispielsweise Kriege und Krisen allein für Afrika typisch oder nur in Afrika vorhanden wären!

Auf sehr positive Weise lässt uns *Africa Positive* die oft verkannten Realitäten Afrikas entdecken und bietet dem Leser damit viele Möglichkeiten einer objektiven Analyse der Potenziale und Reichtümer Afrikas.

Liebe Brüder und Schwestern, es ist für Afrikaner im Ausland trotz allen guten Willens nicht immer leicht, die geeigneten Mittel zu finden, um ihre Verbundenheit mit der Entwicklung unseres Kontinents und der Integration der afrikanischen Diaspora in Deutschland zum Ausdruck zu bringen. Offensichtlich ist wohl, dass nichts von dem ohne Arbeit möglich ist. Und um bei der Arbeit voranzukommen, braucht es Überzeugung, Mut und Ausdauer.

---

[1] Übersetzt aus dem Französischen.

Überzeugung, Mut und Ausdauer sind für mich auch die wichtigsten Eigenschaften, die wir aus den Erfahrungen des Teams von *Africa Positive* ablesen können. Ein Traum, der heute für Tatah Wirklichkeit geworden ist! Nicht nur ein Magazin, das über Afrika berichtet, sondern auch ein Verein, der afrikanische Kinder in Deutschland bei ihrer Erziehung unterstützt. Wir wissen doch alle, dass Erziehung und Ausbildung Schlüssel der Entwicklung sind, und ich gehe sogar noch weiter und sage, dass die Erziehung eine wirkungsvolle Waffe zur Bekämpfung des Terrorismus ist, der über alle Grenzen hinweg existiert.

Wie viele Kinder können in Afrika ihr Recht auf Bildung nicht wahrnehmen? Wie viele Kinder afrikanischer Eltern versuchen in Deutschland, sich in die deutsche Gesellschaft zu integrieren? In Burkina Faso habe wir auf dem Gebiet der Grundschulbildung klein angefangen: Bei einer Einschulungsrate von 42 Prozent im Jahr 2000 haben wir im Jahr 2011 über 80 Prozent erreicht. Sollen wir deshalb die restlichen 20 Prozent opfern? Welchen Wert hat heute die Grundschulbildung, die weiterführende Schule, das Gymnasium, die Universität? Dies sind Grundfragen rund um die Bildung, die sich uns überall stellen.

Sehr geehrte Frau Präsidentin von *Africa Positive*, natürlich weiß ich, dass schriftlich oder telefonisch verbreitete Worte der Ermutigung und Bewunderung für Sie, die Sie noch tausend Ideen und Pläne im Kopf haben, nicht ausreichen. Sie brauchen Unterstützung – und aus diesem Grund bin ich nach Dortmund gekommen, um Ihnen persönlich meine Unterstützung für *Africa Positive* zu versichern und auch um zu sehen, welche Erwartungen Sie an uns afrikanische Botschafter richten. Afrika ist ein Kontinent der Zukunft, so sagen und wiederholen es alle, doch folgen den Worten auch Taten – wie es *Africa Positive* so erfolgreich vorlebt? Wer sonst sollte Afrika in Deutschland aus seiner Entwicklungsperspektive so erfolgreich präsentieren? Wer sollte über Afrika berichten und für Afrika Projekte erarbeiten? Wer sollte Fragen stellen über die Situation der Kinder der afrikanischen Diaspora in Deutschland?

Africa Positive ist ein Entwicklungsinstrument für Afrika, und seine Mitarbeiter brauchen Unterstützung von allen: Den afrikanischen Botschaften, den deutschen Behörden, der afrikanischen Diaspora.

Dank Ihnen allen, die Sie bereit sind, die Aktionen von *Africa Positive* zu unterstützen!

Es leben die Medien! Alles Gute für *Africa Positive*! Herzlichen Glückwunsch zum Geburtstag! Wend na niingui tüma barka!

Marie Odile Bonkoungou-Balima,
Botschafterin von Burkina Faso in Deutschland

Begrüßungsrede – Glückwunsch an *Africa Positive*

Markus Behmer

15 Jahre *Africa Positive* – ein eher krummes, ein „halbrundes" Jubiläum – aber ein schöner Anlass für eine Tagung, auf der „Mediale Abbilder und Zerrbilder eines Kontinents im Wandel" in den Blick genommen wurden.

Nach Afrika 1.0, dem „dunklen Kontinent" der wilden Tiere und unbekannten Menschen, der Versklavung, der Kolonialzeit und der Entdeckungsreisen des „weißen Mannes", nach Afrika 2.0, dem Kontinent der Entkolonialisierung, der Krisen und Kriege, der Bodenschätze, der Fotosafaris und der bunten Folklore und was der Simplifizierungen, der Stereotype sonst noch sein mögen, gilt es endlich Afrika 3.0 zu „entdecken", vielmehr ausgewogen medial darzustellen.

Ein geographischer Riesenraum, dreimal so groß wie Europa (bis zum Ural und zum Kaukasus), mit unterschiedlichsten Klimazonen und Kulturregionen, mit aktuell 54 Staaten, mit mehr als 2000 eigenständigen Sprachen. Ein Kontinent mit wachsendem politischem Gewicht, mit zunehmender ökonomischer Bedeutung. Ein Kontinent, auf dem es vielerorts weiter massive Probleme gibt, politische und kulturelle Spannungen, gravierende soziale Gegensätze, Gefährdungen und Verletzungen von Menschenrechten, auch Hunger, Not und Bildungsdefizite. Ein Kontinent, viele Länder, viele Gesellschaften aber auch mit faszinierendem Entwicklungspotential, Möglichkeiten und Leistungen, die vielfach noch nicht genügend erkannt und anerkannt werden.

Africa Positive zeigt sie – exemplarisch und empathisch. Die Zeitschrift macht mit Menschen bekannt, die beispielhaft für das „neue Afrika" stehen, und beschreibt viele Initiativen. Der Verein leistet viel auch für die Integration von Migranten in Deutschland, setzt sich ein für den Dialog der Kulturen, und das Journal ist selbst ein Dialogforum.

Mit 15 hat ein Mensch die Kinderjahre verlassen, steckt mitten in der Jugend. Jugendlich frisch wirkt auch *Africa Positive*, von einer Pubertätskrise keine Spur.

Herzlichen Glückwunsch dem Verein, der Zeitschrift und der so mitreißend engagierten Chefredakteurin – Ihnen, liebe Veye Tatah, und Ihrem ganze Team – zum Geburtstag.

Africa Positive, Afrika 3.0, ist das Motto. Dennoch sollen auch negative Dinge, sollen auch traurige Ereignisse nicht ausgespart sein. Gerade auch sie machen deutlich, welche Defizite in der medialen Wahrnehmung unseres (von Europa aus betrachtet) südlichen Nachbarkontinents bestehen.

Kennen Sie die MV Spice Islander? Nein? Es war ein Schiff. Vor zwei Jahren, am 10. September 2011, ist es vor Sansibar gesunken und hat 2740 Menschen in den Tod gerissen. Doppelt so viele wie vor 100 Jahren die Titanic, rund 100 Mal mehr als im Januar 2012 die Costa Concordia, als sie vor Giglio gestrandet ist. Die Titanic wurde zum Symbol der menschlich-technischen Hybris; alle Medien zelebrierten ausführlich das „Untergangsjubiläum" im April 2012. Aus der Toskana gab es viele Sondersendungen rund um das Kentern der Costa Concordia, einen riesigen Medienrummel – auch wieder, als das Schiff im September 2013 aufgerichtet wurde und die Bergung erstmals deutlich voranging.

Von der MV Spice Islander erfuhr man hingegen kaum etwas – und erfährt man auch im Sommer 2013, als auf Sansibar ein Prozess gegen die Verantwortlichen der Katastrophe geführt wird – allenfalls in kleinen, versteckten Meldungen Neues.

Eine Schiffskatastrophe – ein Symbol allenfalls für Afrika, den Krisen-, den Katastrophenkontinent, sicher nicht für Afrika 3.0. Für mich ist die MV Spice Islander aber ein Zeichen, dass noch nicht einmal über die negativen K-Themen, eben die Krisen und Katastrophen, die Kriege, Konflikte und Krankheiten auf dem afrikanischen Riesenkontinent umfassend, nach Maßstäben anderer Berichterstattungsregionen „angemessen", berichtet wird.

Worüber wird dann eigentlich berichtet, wenn es um „Afrika" geht, um Ereignisse und Entwicklungen insbesondere in den gut 40 Staaten südlich der Sahara? Ausführlich ging es darum bei der Tagung, ausführlich wird nun auch in diesem Buch darüber informiert.

Hier sei nur eine kleine Impression geboten: Am Vortag der Tagung, am 20. Juni 2013 habe ich „Afrika" in die News-Suchmaske von *spiegel.de* eingegeben. Unter den ersten zehn, den aktuellsten Treffern ging es sechs Mal um Flüchtlinge aus Afrika, dabei allein vier Mal um eine Gruppe Afrikaner, die in Hamburg „gestrandet" war. Zwei Mal ging es um den „Anti-Terror-Krieg", ein Mal um die Qualifikation zur Fußball-Weltmeisterschaft (vielmehr um die kamerunische Mannschaft und ihren deutschen Trainer Volker Finke), ein Mal aber auch – Afrika positiv? – um das „Outdoor-Paradies Afrika" für Abenteuerurlauber, konkret um Schlauchbootfahrten auf dem Sambesi.

Etwas weiter unten, beim Weiterscrollen, fand sich dann aber auch ein Bericht von der Internet-Tagung Re:publica. Unter der Überschrift „Von Afrika lernen" fasst *spiegel.de*-Redakteur Konrad Lischka einen Vortrag zusammen, in dem der Kenianer Eric Hersman schildert, wie sich Internet-Unternehmensgründer in seiner Heimat gegen Widerstände durchsetzen. Und ich stieß auf eine (bereits seit 2003 laufende) Serie mit inzwischen rund 40 Beiträgen über Möglichkeiten des „Auslandsstudium(s) Afrika“ (so der Serientitel) und Erfahrungsberichten von deutschen Studierenden, die an afrikanischen Universitäten ein Gastsemester verbringen oder Praktika absolvieren: In Afrika lernen!

Doch werden die wenigsten ein Internet-Startup gründen oder in Nairobi oder Lagos, in Kairo oder Kapstadt studieren wollen. Warum also sollten wir uns eigentlich für „Afrika“ interessieren?

Zum Beispiel, weil wir wohl alle in unserer Jacken-, Hosen- oder Handtasche ein Handy oder Smartphone haben. Es würde nicht funktionieren ohne Tantal, ein Metall, das aus dem seltenen Erz Coltan gewonnen wird. Tantal ist in allen Prozessoren enthalten – und Coltan wird vor allem in Afrika, im Kongo, abgebaut. In Zeiten der Globalisierung ist es sicher sinnvoll, sich auch dafür zu interessieren, wo und wie dieser Rohstoff gewonnen wird – und wer davon profitiert. Positiv ist das nicht unbedingt – aber relevant. Es zeugt vom Reichtum des Südkontinents – und von anhaltenden Problemen und unser aller Verbindung damit. Und es ist nur ein Beispiel von sehr vielen. Afrika geht uns an, wir sind eine Welt.

Tagungen wie die Dortmunder aus Anlass des 15. Geburtstags von *Africa Positive*, Publikationen wie die hier vorliegende, mögen einen kleinen Anstoß geben, sich nachhaltiger mit den Berichtserstattungsbedingungen und ihren Ergebnissen, eben dem Bild Afrikas in unseren Medien – und damit auch in unseren Köpfen – auseinanderzusetzen.

Prof. Dr. Markus Behmer,
Institut für Kommunikationswissenschaft der Universität Bamberg

Impulsvorträge – Das Afrikabild aus wissenschaftlicher Perspektive

Afrikanische Impressionen – Ein Streifzug durch Forschung und Berichterstattung[1]

Markus Behmer

Einleitung

Ein Qualitätsmedium, ein Dienstag im November, willkürlich ausgewählt: Die *Süddeutsche Zeitung* vom 5. November 2013. 44 Seiten umfasst sie, hunderte Beiträge. In acht Artikeln geht es um Afrika südlich der Sahara oder werden Afrikaner erwähnt. Immerhin.

Im Münchner Lokalteil wird ausführlich über Hamado Dipama aus Burkina Faso berichtet, Mitglied des Ausländerbeirats der bayerischen Landeshauptstadt, der sieben Diskotheken verklagt, weil er von Türstehern abgewiesen worden war – mutmaßlich wegen seiner Hautfarbe. Typisch Deutschland?

Im Bayernteil findet sich ein halbseitiges Interview mit dem dunkelhäutigen, achtundachtzigjährigen Schauspieler Theodor Michael, dessen Vater Kameruner war. Michael war zwanzig Jahre lang Journalist bei der Zeitschrift *Afrika Bulletin*; als Kind wurde er selbst noch als „Wilder" bei einer Völkerschau zur Schau gestellt. Afrika exotisch.

Ebenfalls im Bayernteil: Eine Randglosse über bayerische Außenpolitik, in der erwähnt wird, dass „vergangene Woche [...] Charles Wesley Mumbere, der König von Rwenzururu, einer Bergregion in Uganda", der Stadt Landshut „seine Aufwartung" gemacht habe. Afrika als schmückendes, doch irrelevantes Beiwerk.

Im Sportteil werden in zwei Spielberichten aus der Bundesliga afrikanische Fußballer erwähnt und in einem vierspaltigen Bericht über den New-York-Marathon die Sieger und Podestplatzierten aus Kenia und Äthiopien ausführlich gewürdigt. Afrika positiv.

Schließlich im Politikteil: zwölf Zeilen in der Presseschau über die Ermordung zweier französischer Journalisten in Mali, übernommen aus dem *Figaro*, und 20

1 Einige Passagen des Textes wurden bereits zuvor publiziert in Behmer (2003).

Zeilen über Festnahmen in Kenia nach einem Anschlag auf ein Kaufhaus. Afrika typisch?

Afrika als Krisenkontinent

„Die Zukunft Afrikas ist offen". So beginnt eine aktuelle Einführung in die „Geschichte Afrikas" (Speitkamp 2009: 9). Doch gleich der zweite und der dritte Satz des Buches liefern einen negativen Gegenwartsbefund: „Nach wie vor dominieren in Öffentlichkeit und Wissenschaft Katastrophenmeldungen und Untergangsprophezeiungen. Wenn Afrika ins Gespräch kommt, berichten die Medien über Kriege und Völkermord, über *warlords* und Kindersoldaten, über Diktatur, Korruption und Staatsverschuldung, über Dürre, Hunger und Aids." „Der Westen", so schreibt der Historiker Winfried Speitkamp weiter, scheine „Afrika eine Normalisierung nicht zuzugestehen. Afrika wird zwar nicht mehr als gesichtsloser Kontinent gesehen, wie es abendländischer Hochmut lange verkündete, aber immer noch an die Peripherie des Weltgeschehens gerückt. Vor allem gilt Afrika weiterhin als dunkler, unverständlicher Kontinent, gefangen in seinen Traditionen, Sitten und spezifischen Problemen" (ebd.).

Gleich (mindestens) drei Pauschalisierungen fallen hier auf: Über Afrika mit seinen 54 Staaten, rund einer Milliarde Menschen, hunderten von Kulturen und Sprachen wird gesprochen als wäre es ein Land, gleichsam ein erratischer Block. Über „die Medien" wird geklagt, als wären sie alle gleich. Und „der Westen" ist auch eher ein Konstrukt denn ein mit einer Stimme sprechender, einheitlich agierender Akteur.

Differenziert wird bei Speitkamp später durchaus. Seine hier zitierte Aussage, das Bild „Afrikas" in den deutschen Medien und damit auch der Öffentlichkeit sei undifferenziert und insbesondere von Negativa dominiert, ist aber weithin wissenschaftlicher *Common Sense*.

Intensiv erforscht sind die Berichterstattung über Subsahara-Afrika und deren Kontextbedingungen, ein wenig ausgenommen die Arbeitssituation von Auslandskorrespondenten, allerdings in Deutschland nicht, wenngleich in den vergangenen Jahren einige Studien erschienen – so insbesondere von dem Afrikanist Martin Sturmer (2013) und von dem Journalismusforscher Lutz Mükke (2009) (die beide in diesem Buch auch mit Beiträgen vertreten sind). Ferner etwa von den Kommunikationswissenschaftlern Nicole Scherschun (2008) und Jeffrey Wimmer (2003) und die internationale Journalistenzeitschrift *message* widmete im Heft 2/2013 der Afrikaberichterstattung aus Anlass des Konflikts in Mali einen sechzehnseitigen Schwerpunkt mit fünf Beiträgen (von denen je einer ebenfalls von Lutz Mükke und Martin Sturmer stammt) unter der Titelschlagzeile „Afrika: Was zu berichten wäre, aber von europäischen Medien übergangen wird" .

Kleine Einblicke in einige Studien

„Afrika! Plädoyer für eine differenzierte Berichterstattung" – bereits der Titel von Martin Sturmers aktueller Studie macht deutlich, dass es ihm nicht allein um eine wissenschaftliche Bestandsaufnahme geht. Sein Ausgangspunkt ist die auch von Speitkamp angesprochene verzerrte Darstellung des Kontinents, vielmehr „das Verharren von deutschsprachigen Medien in den gängigen Berichterstattungsmustern: Afrika – das ist der Kontinent von Hunger und Elend, das Rückzugsgebiet von machtgierigen Diktatoren, die Brutstätte von Kriegen und Gewalt. Die Berichterstattung ignoriert dabei weitgehend die Fortschritte, die Afrika in den letzten 20 Jahren gemacht hat" (Sturmer 2013: 11). Warum, so fragt er, bekämen wir von den positiven Entwicklungen so wenig mit? Und wie könnte die Berichterstattung organisiert werden, um ein realistischeres Bild zu zeichnen und auch mehr Menschen für die Vorgänge auf unserem südlichen Nachbarkontinent zu interessieren?

Um das „Warum" besser verstehen zu können, skizziert Sturmer knapp wesentliche kommunikationswissenschaftliche Ansätze zu Nachrichtenentstehung und Nachrichtenauswahl, nämlich die Nachrichtenwertforschung, das Gatekeeping-Konzept, Framing und Agenda Setting sowie die News-Bias-Forschung.

Insbesondere die Nachrichtenwertforschung liefert gute Analyseansätze, die verständlich machen können, warum über die Staaten, Menschen und Entwicklungen des südlichen Afrikas zu wenig differenziert berichtet wird. Die Kernfrage dabei ist – so lässt sich stark vereinfacht sagen –, welche Merkmale ein Ereignis aufweisen muss, damit es zur Nachricht in den Medien wird. Die norwegischen Konfliktforscher Johan Galtung und Marie Holmboe Ruge haben 1965 einen Katalog von zwölf Faktoren formuliert, der auch heute noch (freilich vielfach weiterentwickelt und variiert) im Kern Gültigkeit hat (vgl. Galtung/Ruge 1974, zur Weiterentwicklung siehe etwa Schulz 1990, Eilders 1997, Maier/Stengel/Marschall 2010). Einige dieser Faktoren sind etwa der Bezug auf Elite-Personen und Elite-Nationen und die Bedeutsamkeit eines Ereignisses für den Rezipienten, die wiederum wesentlich durch die geographische und kulturelle Nähe mitbestimmt wird. All dies trifft auf Ereignisse aus dem fernen Süden kaum zu. Ebenso wenig wie etwa die Eindeutigkeit, die Überschaubarkeit von Ereignissen. Mittel- oder langfristige Wandlungsprozesse politischer Systeme, wie sie etwa in manchen afrikanischen Staaten vor sich gehen, die Entwicklung von Zivilgesellschaften, die Herausbildung von demokratischen Strukturen sind eben meist komplexe und langwierige Vorgänge und damit nicht „eindeutig" und knapp überschaubar. Bleibt als ein wesentlicher Faktor der Negativismus: Je negativer ein Ereignis, je mehr es auf Konflikt, Kontroverse, Aggression, Zerstörung oder Tod bezogen ist, desto stärker wird es von den Medien beachtet.

Ein anderer Nachrichtenfaktor, der auch in der Berichterstattung über die so genannte „Dritte Welt" relevant sein kann, ein Mittel, die Aufmerksamkeit auf sonst eher „entlegene" Themen zu lenken, ist die Personalisierung. Das Interessanteste für den Menschen, so lautet ein altes Journalistenmotto, ist – der Mensch. Die Darstellung eines Einzelschicksals bietet die Möglichkeit zu Empathie und Identifikation, des unmittelbaren Teilnehmens, des Mitfühlens und Mitleidens. So wurde zum Beispiel das Foto eines kleinen, vietnamesischen Mädchens, nackt und verzweifelt schreiend auf der Flucht vor einer Feuerwalze nach einem amerikanischen Napalmbombenangriff, wir kennen es alle, zu einem Schlüsselbild des Vietnamkriegs, das wesentlich mehr aussagt, wesentlich wirkungsmächtiger ist als die bloße, grausige Zahl von Toten. Nicht anders ist es etwa bei Hungerskatastrophen, wo erst die Beschreibung einzelner Leidender, die Fotos etwa von Kindern mit von der Auszehrung geblähten Bäuchen, echte Betroffenheit herstellen, das ganze Elend begreifbarer machen. Dies wiederum ermöglicht oder befördert dann vielfach, ein positiver Aspekt, große Spendenaktionen.

Es birgt allerdings auch das Risiko der Abstumpfung. So kolportierte Alex Rühle bereits vor gut zehn Jahren in der *Süddeutschen Zeitung* über den derzeit wohl renommiertesten Kriegsfotografen, den Amerikaner James Nachtwey, „es falle ihm immer schwerer, Bilder aus Afrika an Magazine zu verkaufen, Rolex beschwere sich, wenn neben der Luxusuhr Hungernde zu sehen seien, und die Leser seien's ohnehin Leid" (Rühle 2002).

Doch zurück zu Martin Sturmer, zurück zu seinem „Plädoyer für eine differenzierte Berichterstattung". Was er „den Medien" immer wieder vorwirft ist, dass in der Berichterstattung „Authentizität [. . .] oft nur vorgespiegelt" (Stumer 2013: 11) werde, dass über falsche Ortsmarken (also die Ortsangaben zu Beginn von Beiträgen) der Eindruck erweckt werde, der Verfasser wäre direkt vor Ort des Geschehens gewesen, und dass „manchmal sogar Begegnungen oder ganze Geschichten erfunden" (ebd.: 9) würden. Diese Vorwürfe zielen ab auf die Auslandskorrespondenten – oder auf die Verhältnisse, unter denen sie arbeiten.

Genau diese hat Lutz Mükke in seiner 557 Druckseiten umfassenden Dissertation untersucht. Das Innere Afrikas als „Herz der Finsternis" – Mükke (2009, vgl. zusammenfassend auch Mükke 2008) zitiert diesen Titel der berühmten Novelle Joseph Conrads in seinem Titel: „‚Journalisten der Finsternis'. Akteure, Strukturen und Potenziale deutscher Afrika-Berichterstattung". Seine Studie bietet aber weit mehr als eine (neuerliche) Auflistung von Mängeln und Verfehlungen der Berichterstattung über Afrika südlich der Sahara wie Minderbeachtung, Schwarz-Weiß-Malerei, Dramatisierung, Krisenfokussierung und Exotismus. Luzide verdeutlicht Mükke, warum die Berichterstattung so ist, wie sie ist. Er durchleuchtet Entstehungsbedingungen, Strukturen wie Produktionsprozesse, beschreibt das Selbstverständnis, die Arbeitsbedingungen, die Kontakte der Korrespondenten, die Rolle und Abhängigkeiten von einheimischen Mitarbeitern, Stringern und Producern, auch aus deren Warte, ökonomische Rahmenbedingungen, Selektionsroutinen und Erwartungen der Heimatredaktionen, analysiert Boulevardisierungstendenzen, differenziert zwischen unterschiedlichen Medien, bestimmt Gatekeeper-Rollen und vieles mehr.

Vielfach kommt das problematische Verhältnis zu Hilfsorganisationen zur Sprache, auf deren Hilfe und Informationen die Journalisten angewiesen sind, deren PR-Arbeit die Berichterstattung aber oft dominiert und die dann nicht selten „Deutungshoheit“ erlangen. Ambivalent ist auch der Einsatz neuer Medien. Dank Internet und Satellitenverbindungen ist die Kommunikation, auch die Recherche, immens vereinfacht. Der Aktualitätsdruck aber ist ebenso gestiegen wie auch die Erwartung, Korrespondenten müssten jederzeit ansprechbar sein – oder wären gar überflüssig, da sich auch alles von Deutschland aus recherchieren ließe. Kaum ein Journalist könne es sich mehr leisten, selbst in schwer erreichbare Krisenregionen wie Darfur zu reisen, vor Ort Eindrücke zu sammeln, somit authentische Vermittlungsarbeit zu bieten – aber damit auch zehn Tage oder mehr nicht im Büro zu sein. „Das Resultat ist potenzierter Mainstream“ (Mükke 2009: 520).

Kaum mehr zwei Dutzend Korrespondenten (unterstützt durch etwa ebenso viele einheimische Zuarbeiter) berichten aus Afrika für deutsche Medien, jeder ist durchschnittlich für 33 Staaten zuständig, von denen sie viele noch nie besucht haben.

Finster ist das Bild auch deshalb, weil all die Defizite, die Mükke beleuchtet, dennoch „Best-Practice-Beispiele“ sind: Untersucht werden konnten nur diejenigen deutschen „Leitmedien“, die sich überhaupt Korrespondenten in Afrika leisten. Kein Privatsender, keine Regionalzeitung ist somit dabei – und auch bei den untersuchten Medien ist die Beschäftigung mit Afrika eher rückläufig. Ein Fünftel aller Korrespondentenplätze wurde in den letzten Jahren gestrichen. Mükke vereint drei Blickwinkel: Den des viele Beispiele beschreibenden Afrikanisten, den des praktischen Journalisten mit eigener Afrikaerfahrung und den des empirisch geschulten Kommunikationswissenschaftlers: Durchgeführt hat er eine Inhaltsanalyse von mehr als tausend Afrika-Beiträgen von *dpa*, *Spiegel*, *Frankfurter Allgemeine* und *Süddeutsche Zeitung* und 40 Leitfadeninterviews mit Afrikakorrespondenten, Stringern und deutschen Redaktionsleitern.

Auch Nicole Scherschun (2008) hat Interviews geführt. 17 hauptberufliche deutsche Korrespondenten in Nairobi, Johannesburg und Kapstadt hat sie für ihren Kurzüberblick zu Afrika im umfassenden Handbuch „Deutsche Auslandskorrespondenten“ (Hahn/Lönnendonker/Schröder 2008), das neben guten Überblicksbeiträgen und prägnanten Zusammenfassungen des Forschungsstands vor allem Analysen der Arbeitssituation der befragten Journalisten an 18 „Nachrichtenplätzen“ liefert, befragt. Leicht haben es, so musste auch Scherschun feststellen, die Männer (Frauen gibt es kaum) vor Ort im südlichen Subkontinent nicht. Alle brauchen sie „hohe Flexibilität und (...) Durchhaltevermögen" und jeder „Korrespondent kämpft dabei auch gegen Stereotype und Klischees in der Heimatredaktion an und auch gegen den eigenen Zynismus, da viele Afrikakorrespondenten immer wieder Rückschläge in der Entwicklung des Kontinents sehen. Berichten sie über eine positive Veränderung in einem Land, folgen wieder Rückschläge in einem anderen" (Scherschun 2008: 467). Trotzdem zieht sie ein positives Fazit: „Die deutschen Afrikakorrespondenten sind im Großen und Ganzen zufrieden mit ihrer Situation" (ebd.). Die Bedeutung des „Nachrichtenplatzes Afrika", so seien sie sich cum grano salis einig, werde „steigen, je mehr sich Afrika politisch und wirtschaftlich entwickelt. Über diese Bedeutung wird man nur berichten können, wenn es Korrespondenten gibt, die vor Ort leben und Afrika durch Reisen kennen, sich durchkämpfen und durchhalten" (ebd.: 468).

Positive Tendenzen konnte auch Jeffrey Wimmer (2003) bereits vor gut zehn Jahren feststellen, als er mit Studierenden der Kommunikationswissenschaft an der Uni München fast 1300 Artikel aus *Frankfurter Allgemeine* und *Süddeutsche Zeitung*, *Bild* und *Abendzeitung* sowie *Spiegel* und *Focus* inhaltsanalytisch untersuchte, um Veränderungen zwischen 1991 und 2001 festzustellen. Zwar zeigte die Analyse, dass auch zu Beginn des 21. Jahrhunderts Negativismus dominierte und die untersuchten Medien „zum Teil zu wenig, zu einseitig und zu unregelmäßig" (Wimmer 2003: 351) berichteten, doch kamen beispielsweise mehr Personen und Institutionen aus Afrika vor als noch zehn Jahre zuvor und sie wurden auch „vermehrt als aktiv Handelnde dargestellt. Dazu kommt gerade bei den Tageszeitungen und dem *Spiegel* eine ausführliche Hintergrundberichterstattung" (ebd.). Dieses „Mehr" bedeutete freilich immer noch keine wirklich befriedigende Situation.

Um feststellen zu können, wie sich die Berichterstattung seither weiter verändert hat, wären neuere und umfassendere Inhaltsanalysen notwendig. Nur durch kontinuierliche Untersuchungen könnten die bislang vorliegenden Stichprobenbefunde zu einem umfassenderen Bild ergänzt und Tendenzen der Berichterstattung auch im Langzeitverlauf klar festgestellt werden.

Zweimal *Spiegel* als Trend-Indikator

Beispiele für gute Berichterstattung – sind es positive Ausreißer? – lassen sich immer wieder finden. Der *Spiegel* z. B., früher von kritischen Medienbeobachtern immer wieder angegriffen, er würde eine zu wenig differenzierende Berichterstattung gerade aus Afrika bieten (vgl. z. B. Amanuel 1995), brachte am 15. Juli 2003 einen vielseitigen Hintergrundbericht über den „schwarzen Kontinent" mit dem als Frage vorgebrachten Tenor „Ist Afrika doch noch nicht verloren?" (Falksohn/Hielscher/Thielke 2003: 94). Er druckte dabei auch ein langes Interview mit

Henning Mankell, in dem dieser sich – bei allen gravierenden Problemen – verhalten optimistisch hinsichtlich der Zukunft des südlichen Afrikas äußerte. Auf die Frage, ob er etwa Fortschritte im Hinblick auf die Verwirklichung der Menschenrechte erkennen könne, antwortete der in Mosambik lebende schwedische Erfolgsautor: „Die Menschen sehen häufiger Fernsehen, immer mehr Leute lernen Lesen und Schreiben, das stärkt indirekt die demokratische Idee. Afrika ist auf dem Weg" (Mankell 2003: 101). Betitelt wurde das Interview aber von der *Spiegel*-Redaktion überaus plakativ mit „Wartesaal des Todes" und der vorangestellte Artikel mit „Die Vierte Welt". Damit kann sicherlich Aufmerksamkeit geweckt werden. Ebenso sicher kann dies aber auch Klischeebilder und stereotype Erwartungen bestätigen – Bilder und Erwartungen, die zumindest durch den Inhalt des Interviews vielmehr in Frage gestellt werden könnten.

Auf die Frage, welches Afrikabild er sich von den Medien erwartete, antwortete Mankell damals: „Wir wissen alles darüber, wie Afrikaner sterben, und wissen nichts darüber, wie sie leben. Jedes Mal, wenn ich in Europa bin, werde ich traurig und frustriert, dass sich die Medien so ausschließlich auf die negativen Aspekte konzentrieren. Das werfe ich ihnen vor. [...] Ich plädiere nicht für ein romantisches Afrika-Bild. Das liegt mir fern. [...] Aber wir sollten über den Kontinent auf eine Weise berichten, wie wir auch Berichte über uns selbst wünschen" (ebd. 102). Im Bericht des *Spiegels* wird dies (zumindest in Ansätzen) erfüllt – in den Überschriften aber geradezu konterkariert.

Noch ein Beispiel, wieder aus dem *Spiegel*, einige Jahre später. Im Frühjahr 2007 brachte das Nachrichtenmagazin über fünf Nummern hinweg eine Serie über die Zukunftsperspektiven Afrikas – mit vielen gründlich recherchierten, Hintergründe aufzeigenden Beiträgen. Die erste Folge wurde sogar auf dem Titel der Nummer vom 16. April (Nr. 16/2007) angezeigt mit der Coverzeile „Afrika. Der Fluch des Paradieses". Das Titelbild zeigte auf der oberen Hälfte, ganz in kalten Graublautönen gehalten, Kindersoldaten, die untere Hälfte, bunt, Elefanten vor dem Kilimandscharo. Dies wirkt fast wie eine Illustration einer medienkritischen Aussage des Gießener Historikers Dirk van Laak, der 2002 feststellte: „Denkt man an die Berichterstattung über afrikanisches Leben, dann scheint dort für die Tiere ein Paradies, für die Menschen jedoch die Hölle zu sein" (van Laak 2002).

Unsystematische Tendenzbeobachtungen deuten – bei allen positiven Entwicklungen (die für das Jahr 2001, als Jeffrey Wimmer seine Analyse durchführte, auf die damalige sehr gute wirtschaftliche Situation der Printmedien zurückzuführen sein könnten, als sich die Verlagshäuser auch noch mehr Auslandsberichterstattung, mehr Korrespondentenplätze leisten konnten, die sich in der gegenwärtigen Krise gerade vieler Zeitungen aber wieder verschlechtert haben dürften) – darauf hin, dass anhaltend die großen, die tragischen „K's", in der Afrika-Berichterstattung dominieren: Krisen, Konflikte, Kriege, Katastrophen, Krankheiten, Korruption, Kriminalität. Und wenn denn über Positives berichtet wird, so werden auch dabei noch immer wieder Klischees transportiert – etwa im Zeichen des Exotismus. So, um nur ein – nicht-afrikanisches – Beispiel zu nennen, mit den alljährlichen Bildern vom Karneval in Rio: bunte Bilder ohne Tiefgang. „Ausland light“ nennt das treffend die *WDR*-Journalistin Sonia Mikich, „gut verdaulich“; zu viele Auslandssendungen im Fernsehen seien „inzwischen gehobene Reisetipps“ (Mikich 2003: 121). „‚Ausland‘ wird trivialisiert“, so klagt sie weiter an, „‚Ausland‘ muß [sic] knallen – dramatisch oder bunt. Viele Berichte wollen nicht relevant sein, sondern menscheln“ (ebd. 119).

Sicher ist es relativ leicht, Mängel in der Berichterstattung aufzuzeigen – Stereotype und Exotismus, die Fixierung auf Negatives, der zu geringe Umfang der Berichterstattung, fehlende Differenzierung, Spotnews statt Informationen über Zusammenhänge und Hintergründe, Betroffenheitsjournalismus und Sensationalismus et cetera. Wesentlich schwieriger ist es hingegen, Alternativen zu entwickeln.

Was tun? Ansätze zu anderer Berichterstattung – und das Problem der Aufmerksamkeit

Der Dialog steht ganz im Vordergrund eines Konzepts, das der Hamburger Politik- und Kommunikationswissenschaftler Hans J. Kleinsteuber bereits vor mehr als einem Jahrzehnt vorschlug und gerade als „dialogischen Journalismus“ charakterisierte. Man solle viel stärker als bislang versuchen, Menschen aus anderen Kulturräumen in den Journalistenberuf einzubinden und auch vielfältigere Quellen (die über das Internet leichter denn je zur Verfügung stehen) in die Berichterstattung einzubeziehen – und so einen echten, offenen Dialog der Kulturen zumindest anstreben. Denn: „Am Ende eines erfolgreichen dialogischen Prozesses stehen für alle Dialogpartner originelle, unerwartete und zuvor nicht erdachte Einsichten – oder der Dialog hat versagt“ (Kleinsteuber 2003: 22).

Auch Martin Sturmer wünscht sich und empfiehlt den Medien genau diesen Weg der Einbindung von Journalisten mit anderem kulturellen Hintergrund in die Medienproduktion, den er als einen „einfachen Wechsel der Perspektiven“ beschreibt. „Ich bin überzeugt, dass die Zukunft der deutschsprachigen Afrika-Berichterstattung in den fähigen Händen afrikanischer Medienprofis liegt. Internet und Social Media ermöglichen heute eine Kontaktaufnahme binnen Minuten, innerhalb weniger Stunden können Angaben auf ihren Wahrheitsgehalt überprüft und profunde Meinungen von Länderexperten eingeholt werden. Die Beauftragung von erstklassigen Journalisten des Kontinents – egal ob für Tageszeitung oder TV-Anstalt – ist längst keine Frage des Könnens mehr, sondern schlicht eine des Wollens“ (Sturmer 2013: 11).

Sturmers Einschätzung der Erreichbarkeit unabhängiger afrikanischer Experten und der Fähigkeit afrikanischer Journalisten, Informationen für eine ferne, wenig vorinformierte Leser- oder Zuschauerschaft aus einem anderen Kulturkreis adäquat und verständlich aufbereiten zu können, wirkt sehr optimistisch, grenzt manche Probleme wohl bewusst aus. Doch wollen wir, will das deutsche Publikum überhaupt mehr und anderes aus Subsahara-Afrika erfahren?

Was – unabhängig von der Qualität der Berichterstattung – immer bleibt, ist die Notwendigkeit, ein Publikum zu erreichen: das Problem der Aufmerksamkeit. Besonders virulent ist es, wenn man mehr als die ohnehin bereits Interessierten erreichen will. Noch einmal sei Alex Rühle zitiert, der am 30. November 2002, am Vortag des *Welt-Aids-Tages*, in der *Süddeutschen Zeitung* – wiederum am Beispiel Afrikas – schrieb: „Afrika ist ein dunkler Kontinent. Ein Weihnachtshilfskontinent. Morgen sehen wir dreieinhalb Minuten Aids- und Hungerclips aus Malawi, und dann kommt endlich Tatort“ (Rühle 2002).

Poetischer hat das Problem der Aufmerksamkeitsökonomie Hans-Magnus Enzensberger bereits 1964 in einem kurzen Gedicht beschrieben. „Abendnachrichten“ ist es überschrieben und man kann sich sicher gut in die geschilderte Situation hineinversetzen. Es ist eine typische Medienrezeptionssituation: Abends, einer sitzt vor dem Fernseher, Schreckensbilder aus einem Hungergebiet laufen – vielleicht ist es die *Tagesschau*. Er hört nur mit halbem Ohr zu, draußen regnet es, die Eindrücke verschwimmen, überdecken sich.

> *„abendnachrichten*
>
> *massaker um eine handvoll reis,*
> *höre ich, für jeden an jedem tag*
> *eine handvoll reis: trommelfeuer*
> *auf dünnen hütten, undeutlich*
> *höre ich es, beim abendessen.*
>
> *auf den glasierten ziegeln*
> *höre ich reiskörner tanzen,*
> *eine handvoll, beim abendessen,*
> *reiskörner auf meinem dach:*
> *den ersten märzregen, deutlich.“*
> (Enzensberger 1964: 23)

Zurück auf Anfang: Mit der *Süddeutschen Zeitung* vom 5. November 2013 sind wir eingestiegen. Vier Tage später, in der Wochenendausgabe vom 9./10. November, finden sich sogar zwei lange Artikel, die „Afrika“ in der Überschrift enthalten. Im Ressort „Wissen“ ist es eine halbseitige Infografik: „So groß ist Afrika“. Eindrucksvoll veranschaulicht sie, dass die Gesamtfläche des Kontinents so groß ist wie die EU, die USA, China, Indien und Japan zusammen. Im Begleittext heißt es: „Tatsächlich [. . .] ist Afrika riesig, in jeder Hinsicht, nicht nur geografisch“ (Illinger 2013). Und im Feuilleton ist, ebenfalls halbseitig, ein Interview mit Henning Mankell abgedruckt. „Vor 15 Jahren“, zitiert er sich retrospektiv selbst, „wussten wir alles darüber, wie Afrikaner sterben. Heute wissen wir immerhin auch, wie Afrikaner leben“ (Kotteder 2013).

Literatur

Amanuel, Saba (1995): Das Afrika-Bild im „Spiegel“ und anderen Medien. Eine Dokumentation, herausgegeben von „Media Watch“. Köln (unveröffentlichtes Typoskript).

Behmer, Markus (2003): Menschenwürde und mediale Zwänge. Anmerkungen zur Berichterstattung aus dem Süden. In: *Communicatio Socialis*, 36. Jg., Nr. 4, S. 353–365.

Enzensberger, Hans-Magnus (1964): abendnachrichten. In: *Ders.: blindenschrift*. Frankfurt/Main: Suhrkamp, S. 23.

Falksohn, Rüdiger/Hielscher, Hans/Thielke, Thilo (2003): Die Vierte Welt. In: *Der Spiegel*, Nr. 29/2003, S. 94–100.

Hahn, Oliver/Lönnendonker, Julia/Schröder, Roland (Hrsg.) (2008): *Deutsche Auslandskorrespondenten. Ein Handbuch*. Konstanz: UVK.

Illinger, Patrick (2013): Der schwarze Riese. Warum es leicht und falsch ist, Afrika zu unterschätzen. In: *Süddeutsche Zeitung* vom 9./10. November 2013, S. 22.

Kleinsteuber, Hans (2003): Bausteine für einen dialogischen Journalismus. Zur Umsetzung des Prinzips „Dialog der Kulturen“. In: Behmer, Markus/Salau, F. Kayode/Wimmer, Jeffrey (Hrsg.): *Nachrichten aus dem Weltdorf. „Dritte-Welt“-Berichterstattung in deutschen Medien*. Bonn: InWEnt, S. 8–23.

Kotteder, Franz (2013): „Wir müssen den Afrikanern helfen“. Henning Mankell über seinen jetzt auf Deutsch erschienenen Kurzroman „Mord im Herbst“, das Leben ohne Kurt Wallander und die Verantwortung der Europäer für Afrika. In: *Süddeutsche Zeitung* vom 9./10. November 2013, S. 22.

Maier, Michaela/Stengel, Karin/Marschall, Joachim (2010): *Nachrichtenwerttheorie*. Baden-Baden: Nomos

[Mankell, Henning (2003)]: „Wartesaal des Todes“. Spiegel-Gespräch mit Henning Mankell: In: *Der Spiegel*, Nr. 29/2003, S. 100–102.

Message. Internationale Zeitschrift für Journalisten, Nr. 2/2013. Schwerpunkt: Afrika: Was zu berichten wäre aber von europäischen Medien übergangen wird, S. 8–23.

Mikich, Sonia (2003): Geistige Provinzialisierung. Eine Zustandsbeschreibung. In: Cippitelli, Claudia/Schwanebeck, Axel (Hrsg.): *Nur Krisen, Kriege, Katastrophen? Auslandsberichterstattung im deutschen Fernsehen*. München: R. Fischer, S. 117–127.

Mükke, Lutz (2009): *‚Journalisten der Finsternis'. Akteure, Strukturen und Potenziale deutscher Afrika-Berichterstattung*. Köln: von Halem.

Mükke, Lutz (2008): „Der Trend geht zum Generalisten und Feuerwehrmann". Ein Dossier zum Zustand der deutschen Auslandsberichterstattung. nr-Dossier 2/2008. http://www.netzwerkrecherche.de/files/nr-dossier-02.pdf Stand: Dezember 2013.

Scherschun, Nicole (2008): „Africa ist not really for Sissies" – Das Berichtsgebiet Subsahara-Afrika. In: Hahn, Oliver/Lönnendonker, Julia/Schröder, Roland (Hrsg.): *Deutsche Auslandskorrespondenten. Ein Handbuch*. Konstanz: UVK, S. 454–468.

Speitkamp, Winfried (2009): *Kleine Geschichte Afrikas*. Bonn: Bundeszentrale für politische Bildung.

Sturmer, Martin (2013): *Afrika! Plädoyer für eine differenzierte Berichterstattung*. Konstanz: UVK.

Galtung, Johann/Ruge, Marie Holmboe (1974): Structuring and Selecting News. In: Cohen, Stanley/Young, Jock (Hrsg.): *The Manufacture of News. Social Problems, Deviance and the Mass Media*. London: Sage, S. 62–72.

Schulz, Winfried (^{2}1990): *Die Konstruktion von Realität in den Nachrichtenmedien. Analyse der aktuellen Berichterstattung*. Freiburg i. Br./München: Alber.

Eilders, Christiane (1997): *Nachrichtenfaktoren und Rezeption. Eine empirische Analyse zur Auswahl und Verarbeitung politischer Information*. Opladen: Westdeutscher Verlag.

Rühle, Alex (2002): Der kontinentale Pflegefall. In Afrika sterben mehr Menschen denn je – und keiner schaut hin. In: *Süddeutsche Zeitung* vom 30. November/1. Dezember 2002, S. 13.

Van Laak, D. (2002): Die afrikanische Welt als Wille und deutsche Vorstellung. In: *Frankfurter Allgemeine Zeitung* vom 20. August 2002, S. 36.

Wimmer, Jeffrey (2003): Das Ende der „Dritten Welt"? Ein Vergleich der Berichterstattung über Afrika in der deutschen Presse 1991 und 2001. In: *Communicatio Socialis*, 36. Jg., Nr. 4, S. 337–352.

Das Afrikabild aus politischer Perspektive – Rede des persönlichen Afrikabeauftragten der Bundeskanzlerin

Günter Nooke

Wahrnehmungen spielen in der Politik eine wichtige Rolle. Ich freue mich daher, dass auf der Fachtagung „Afrika 3.0" neben der medialen, wirtschaftlichen und kulturellen Perspektive auch die politische im Fokus steht.

Wahrnehmungen entstehen durch das Sehen, Fühlen, Hören, Schmecken und Riechen. Immer aber sind sie auch eine Reflektion von uns selbst. Es ist ein – teilweise auch unbewusstes – Filtern von Eindrücken und das Zusammenführen zu „einem Bild". Ich wünsche mir, dass wir uns darüber bewusst werden und in der Lage sind, den jeweils anderen aus seinem *und* nicht nur mit meinem eigenen Blickwinkel zu verfolgen. Und ich wünsche mir, auch wenn beide Blickwinkel unterschiedlich sein müssen, dass beide möglichst nahe an der Realität sein mögen.

Wie haben wir Afrika traditionell wahrgenommen in Deutschland und Europa?

(1) Der Kontinent war uns lange Zeit fremd. Wir kennen aber Bilder aus Afrika, das betrifft die Zeiten des Kolonialismus, als europäische Mächte im 19. und 20. Jahrhundert Afrika unter sich aufgeteilt hatten. Genauso Bilder aus der Phase der Befreiungskriege, die Bilder der Unabhängigkeit der ersten afrikanischen Regierungen beispielsweise in Ghana und natürlich die Etablierung der Organisation der Afrikanischen Einheit, heute der AU.

Später prägten Bücher von europäischen Entdeckern, Missionaren und Philanthropen und Filme wie „Jenseits von Afrika" unser Bild von Afrika in einer ganz bestimmten Weise. Ohne Internet waren sie es, die uns Zugang verschafft haben. Die Bilder der wunderbaren und ganz anderen Landschaften, die beeindruckende Flora und Fauna begeisterte die Menschen in Europa. Vielen Europäern erscheint bei Afrika die Silhouette einer Giraffe vor der untergehenden Sonne in der Savanne vor sich.

Afrika wurde in der Kolonialzeit als Ganzes und wenig differenziert wahrgenommen. Da ging es meines Erachtens eher um europäische Einflusszonen – wie die von Großbritannien beispielsweise in Südafrika, Sudan oder Ägypten aber auch Frankreich in der Elfenbeinküste, Algerien und Mali und Deutschland in Togo, Tansania und Namibia.

(2) Durch die bewegten Bilder, besonders die Nachrichtenberichterstattung in den 1990er Jahren wurde unser Bild von Afrika nachhaltig und sehr einseitig beeinflusst. Im Zentrum standen Krisen und Konflikte, später Hungersnöte und das Leid von Flüchtlingen. An die Bilder der toten amerikanischen Soldaten in den Straßen von Mogadischu erinnere ich mich sehr gut. Es war ein natürlicher Reflex in Deutschland und Europa, hier helfend tätig zu werden. Fast immer gut gemeint, aber nicht immer gut gemacht. Die „Hilfsmentalität" und das „Gutmenschentum" in der klassischen Entwicklungshilfe rühren meines Erachtens auch daher.

Welchen Wandel nehmen wir heute wahr und wie prägt er unseren Umgang mit dem afrikanischen Kontinent?

(1) Afrika wird heute vielfältiger und differenzierter wahrgenommen: Wir wissen einfach mehr von Afrika und den Lebenswelten der Menschen. Ich bin überzeugt, dass der technologische Fortschritt – die neuen Informations- und Kommunikationstechnologien mit neuen Möglichkeiten der direkten Vernetzung, mit sozialen Lern- und Arbeitsgruppen – zu diesem Wandel beitragen werden.

(2) Afrika wird als dynamisch und Entwicklungstrends als positiv wahrgenommen: Afrika hat als Kontinent das größte Wirtschaftswachstum weltweit; die Dynamik städtischer Ballungsräume ist enorm. Es gibt aufstrebendes Unternehmertum und einen riesigen informellen Sektor, der in keinen Statistiken richtig zu bewerten ist. Die kulturelle Vielfalt und die Veränderungen in den Bereichen von Kunst und Wissenschaft werden zu wenig gesehen. Auch werden die Potenziale der Diaspora, der Menschen mit einer Migrationsgeschichte zu wenig in unsere Arbeit einbezogen. Aber – und das gehört auch dazu – sieben der zehn Länder mit den größten Unterschieden zwischen arm und reich und die zehn Länder mit dem niedrigsten Entwicklungstand weltweit, befinden sich auf dem afrikanischen Kontinent. Das ist auch eine traurige Realität.

Im IT-Bereich haben in kürzester Zeit die größten Veränderungen stattgefunden und vielleicht sind hier, bei der Nutzung moderner Tablets und Smartphones auch in den nächsten Jahren die innovativsten Entwicklungen, Geschäftsmodelle und Bildungsfortschritte zu erwarten.

Dennoch plädiere und werbe ich für ein realistisches und differenziertes Bild von Afrika. Der Boom in Lagos, Luanda, Nairobi und Johannesburg steht keineswegs stellvertretend für den Kontinent. Wir sollten alle Einseitigkeiten vermeiden: Afrika steht weder nur für Krisen und Konflikte noch nur für Boom und Aufbruch.

(3) Afrikanerinnen und Afrikaner werden heute als selbstbewusste Menschen wahrgenommen, manchmal sogar als arrogant. Aber man lernt sich ernst zu nehmen, zu streiten und voneinander zu lernen. Die Fußball-Weltmeisterschaft in Südafrika im Jahr 2010 hat den Blick der Weltöffentlichkeit auf den gesamten Kontinent gelenkt und gezeigt: Afrika spielt mit auf internationaler Bühne. Ich begrüße ausdrücklich, dass afrikanische Regierungen ihre Probleme zunehmend selbst lösen wollen. Dabei möchten wir den Kontinent – auch aus eigenem Interesse – unterstützen. Europäische Länder wie Deutschland sollten dabei keine falschen Hoffnungen wecken und nicht den Eindruck vermitteln, als könnten wir lösen, was nur die Menschen in Afrika selbst lösen können. Unsere Überzeugungen, Konflikte besser gewaltfrei auszutragen und elementare Menschenrechte zu achten, sollten wir trotzdem nicht aufhören zu erklären. Vor allem aber sollten wir es selbst vorleben und ein Vorbild in Deutschland und Europa für diejenigen sein, die danach suchen. Afrika ist wiederum auch ganz anders als Europa. Vielleicht erwarten wir immer noch viel zu selbstverständlich, dass alle so leben wollen wie wir? Und vielleicht machen sich viele Afrikaner zu wenig bewusst, welche Veränderungen damit verbunden sind, wenn man so leben will, mit allen „Annehmlichkeiten" wie in Europa. Bei allen Unterschiedlichkeiten ist ein friedliches und menschwürdiges Zusammenleben erstrebenswert. Es gibt in afrikanischen Ländern auch heute tausende Menschen und politische Gefangene, die unter den autoritären Regimen Entsetzliches erleiden. Staatliche Souveränität heißt auch, die Verantwortung für die Folgen politischer Entscheidungen selbst tragen und bezahlen zu lernen. Das bedeutet konkret: Wer ein gleichberechtigter Partner sein will, muss nicht nur seine Rechte, sondern auch seine Pflichten kennen. Es wäre schön, wenn das Gespräch zwischen allen Beteiligten und denen, die Einfluss haben und nehmen wollen, nicht abreißt, sondern intensiviert wird.

Welche Wahrnehmungen von Afrika würde ich mir für die Zukunft wünschen? Welche Visionen haben wir vom Miteinander der beiden Kontinente?

Afrika ist der Nachbarkontinent Europas und wichtiger Handelspartner. Afrika ist als Produktionsstandort und Handelspartner zunehmend eingebunden in die Weltwirtschaft. Wenn Afrika es schafft, sich selbst im Rahmen der Regionalorganisationen und der AU zu organisieren, dann hätte dies enorme Auswirkungen auch für die weltweite Wettbewerbsfähigkeit. Ich denke hier an innerafrikanischen Handel und den Abbau der zwischenstaatlichen Handelshemmnisse. Afrika könnte dann nicht nur sich selbst, sondern auch Europa mit Lebensmitteln versorgen und daran gut verdienen.

Grundlegende Weichenstellung für die Entwicklung des Kontinents werden jetzt getroffen: viele Rohstoffvorkommen sind in den letzten Jahren erschlossen worden und werden ausgebeutet werden. Die Regierungen müssen dafür sorgen, dass die Einnahmen daraus produktiv eingesetzt und investiert werden. Auch wir haben eine Verantwortung, die die G8 Staats-und Regierungschefs im Rahmen des Gipfels in Nordirland im Juni 2013 deutlich zum Ausdruck gebracht haben: Wir müssen Unternehmen zu Transparenz verpflichten und dafür sorgen, dass sie ihren Steuerpflichten überall, aber besonders in Afrika nachkommen. Es fängt an mit guten, fairen Verträgen für die Rohstoffnutzung und endet nicht bei der Notwendigkeit verantwortlicher Politiker und Regierungen in den Ländern vor Ort.

Europa wird von anderen Kontinenten wegen seiner Nähe zu Afrika beneidet. Wir sind stolz darauf und uns bewusst, welche Verantwortungen bei uns liegen. Das politische Afrikakonzept, welches die Bundesregierung 2011 verabschiedet hat, versucht den vielen neuen und alten Realitäten auf dem Kontinent gerecht zu werden und die wichtige Balance zwischen Werten und unseren Interessen zu finden.

Das Afrikabild aus medialer Perspektive – Zeit für die „Neue Aufklärung“[1]

Lutz Mükke

Einleitung

Wenn die Fußball-WM in Südafrika stattfindet, explodiert die Afrikaberichterstattung. Wir nutzen dann die Fußballweltmeisterschaft als trojanisches Pferd, um uns am schiefen Afrikabild abzuarbeiten und etwas vielschichtiger über den Kontinent zu berichten. Nach der WM wird es medial freilich wieder deutlich dunkler um den „schwarzen Kontinent“. Wenn Prince Harry sein soziales Jahr im südlichen Afrika absolviert, wird die dortige Nahrungsmittelknappheit zum Thema. Ohne ihn nicht. Wenn die Bundeswehr mit logistischen Wehrübungen im Kongo die Demokratie verteidigt, interessieren sich die Redaktionen für den Kongo. Ohne diesen Deutschlandbezug hat das Land nur den Bruchteil an Nachrichtenwert.

Berichterstattungshochs werden auch von den mittlerweile schon zur Tradition gewordenen „Afrika-Patenschaften“ unserer Bundespräsidenten ausgelöst. Die Politiker können sich sicher sein, dass sie mit ihren in Äthiopien, Uganda oder Südafrika gehaltenen Sonntagsreden medial immer gut platziert sind. In ihrem Handgepäck reist ja auch immer gleich ein halbes Dutzend handverlesener Stenographen aus Berlin und Hamburg mit. Und alle Jahre führen uns die Welttage wie Weltflüchtlings-, Welthunger- oder Weltaidstag vor Augen, dass Afrika als Illustrationskontinent synonym für die großen Menschheitsplagen steht. Orchestriert werden diese Pseudo-Ereignisse von einer PR-Flut der Hilfsorganisationen und Vereinten Nationen. Gerne wird dann mit Zahlenschätzungen aufgewartet, die auf den gesamten Kontinent extrapoliert werden. Das Ziel der Zahlenjongleure ist der Spender.

Doch die hier etwas launig herausgegriffenen Kritikpunkte sind nicht neu, sondern von Praktikern und Wissenschaftlern vielfach kritisiert und analysiert. Müss-

1 Der Beitrag ist eine adaptierte Version zur Keynote der Tagung „Afrika 3.0“.

ten wir also nicht eigentlich alle vor Verdruss, Langeweile und Müdigkeit einschlafen bei unserem Tagungsthema? Hören wir nicht seit Jahrzehnten die immer gleiche Kritik über die Afrikabilder deutscher Medien? Ist es nicht immer wieder das Lamento über stereotype Berichterstattung, Mitleidsszenarien, eurozentristische Blickwinkel oder die verzerrende Konzentration auf Kriege, Krisen und Katastrophen? Hat sich denn nichts bewegt? Gibt es neben pessimistischen Zustandsbeschreibungen auch progressive Visionen, Ideen oder Konzepte, die uns weiterbringen können? Und warum und wohin soll sich eigentlich das Afrikabild bewegen?

Ja, es muss sich etwas bewegen. Denn wir Journalisten werden von unserer Gesellschaft per Gesetz dafür mitverantwortlich gemacht, die Bürger so zu informieren, dass diese mündig und gut informiert am demokratischen Diskurs teilnehmen können. Qualitätvolle Auslandberichterstattung ist umso wichtiger, da nur wenige Rezipienten überhaupt auf eigene Erfahrungen im Ausland zurückgreifen können. Die „Weltbildapparate“ Massenmedien sind wichtig. Zumal für das Bild vom „gefühlt“ so weit entfernten Kontinent Afrika. Ohne qualitätvolle Auslandsberichterstattung in den Massenmedien kann eine gesellschaftliche Debatte etwa über die internationalen Aktivitäten Deutschlands nicht geführt werden. Denn dazu muss die Bevölkerung fortwährend durch aktuelle und hintergründige Informationen befähigt werden. Defizite an dieser Stelle bedingen das Risiko, dass Außenpolitik von kleinen Experten- und Interessenzirkeln gesteuert wird.

Vier Vorschläge

Nun vier Vorschläge. An folgenden Kulminationspunkten müssten Änderungen herbeigeführt werden:

1. bei Kooperationen zwischen deutschen und afrikanischen Kollegen und der Einbindung von Kollegen mit afrikanischem Migrationshintergrund,
2. beim Organisationsgrad der Auslandsberichterstatter,
3. bei den redaktionellen Strukturen beziehungsweise beim redaktionellen Management von Auslandsberichterstattung,
4. beim Personal, das für die Afrikaberichterstattung zuständig ist.

Zum ersten Punkt: Zusammenarbeit mit afrikanischen Kollegen und mit Kollegen mit afrikanischem Migrationshintergrund

Warum sind unter den Afrikaberichterstattern so gut wie keine Afrikaner oder Kollegen mit afrikanischem Migrationshintergrund? Warum berichten wir offenbar immer über Afrika und Afrikaner – aber kaum mit Ihnen? Warum sind Afrikaner so selten Herr über die Narrative von Afrika? Wissenschaftliche Studien besagen klar, dass Kollegen mit Migrationshintergrund nicht besser und nicht schlechter berichten – aber eben anders, mit anderen Perspektiven und Zugängen. Auf diese Perspektiven können wir in einer modernen Demokratie im digitalen Zeitalter jedoch nicht mehr verzichten. Zumal, wenn wir ein weltoffenes, integratives Einwanderungsland sein wollen. An dieser Stelle braucht es also die besondere Aufmerksamkeit von Personalentscheidern.

Auch scheint hierzulande noch nicht so recht durchgedrungen zu sein, dass sich Journalismus in vielen afrikanischen Ländern im letzten Jahrzehnt enorm professionalisiert hat. Was Dynamik und Agilität des afrikanischen Medienmarktes anbelangt, kann die heutige Zeit durchaus mit dem Aufbruch Afrikas in den 1960er Jahren verglichen werden, dem Jahrzehnt der afrikanischen Unabhängigkeit. Journalisten spielten damals wie heute eine tragende Rolle. Initiativen wie Highway Africa, African Plattform on Access to Information, das Pan-African Media Network, The African Editors' Forum oder das Forum for African Investigative Reporters treten panafrikanisch auf und sind längst auch global vernetzt. Namen wie Anas Anas, Kasim Mohamed, Ken Opala oder Charles Rukini sind internationale Stars. Mitglieder des Investigativen-Netzwerks FAIR räumen beispielweise jedes Jahr aufs Neue internationale Journalistenpreise ab. In jedem afrikanischen Land findet man heute gut ausgebildete und clevere Journalistenkollegen.

Das traditionelle Korrespondentenbild des Einbahnstraßenberichterstatters und Einzelkämpfers im Ausland hat seine Herkunft in der Linearität des 19. Jahrhunderts und muss auf den Prüfstand. Hier bedarf es in deutschen Medien stärkerer Akzeptanz und flexibleren Umdenkens für neue Modelle der kooperativen, international vernetzten Teamarbeit und multiperspektivischen Narration. Auf der technischen Seite eröffnet uns die Digitalisierung und Vernetzung der Welt dafür ganz neue Dimensionen. In der journalistischen Realität stellen wir uns in vielerlei Hinsicht allerdings noch ganz profan selbst die Beine: Afrikanische Journalisten fühlen sich nach wie vor oft nicht ernst genommen. Wer von uns wäre schon motiviert unter dem Titel „Stringer" zu arbeiten, wenn sein Name dann bestenfalls im Abspann eines Filmes erscheint, der in einem fremden Land in einer fremden Sprache gezeigt wird? Es bleibe die Tendenz, dass man uns wie „bettelnde Individuen" behandele, die mit Hungerleiderhonoraren und „einfältiger Ignoranz" abgespeist würden, fasst Chief Bisong Etahoben, Herausgeber der *Weekly Post* in Yaunde/Kamerun, seine langjährigen Erfahrungen mit europäischen Kooperationspartnern zusammen. In diesen Zusammenhängen müssen afrikanische Journalisten offenbar immer noch gehörig Kolonialzeit atmen. Ihre Aussagen erinnern noch erstaunlich oft an die 1970er Jahre, als die UNESCO noch über eine neue Weltinformationsordnung debattierte. Doch von Informationsimperialismus des Westens zu sprechen, wird dem Heute nicht mehr ganz gerecht. In Afrika agieren mittlerweile nicht nur etliche neue internationale Medienplayer wie *Al Jazeera*, *CCTV* oder *SABC*. Sondern es entstand auch ein stark prosperierender eigenständiger Medien- und Journalismusmarkt. Gute afrikanische Journalisten sind gefragt.

Es braucht auch gar nicht besonders viel Phantasie, zu erahnen, was machbar wäre, wenn man in transkontinentalen Kooperationen und unter Einbeziehung afrikanischer Perspektiven beispielsweise Beiträge über die Arbeit deutscher Botschaften oder Unternehmen, über das Treiben mancher Hilfsorganisationen oder über Tourismus produzierte. Ganz zu schweigen von Zugängen zu sensitiven Themen wie Religion, Gender, Kunst, Extremismus, Umwelt oder dem informellen Sektor. Und eines ist jedem Insider doch schon immer klar gewesen: In der Krisen- und Kriegsberichterstattung läuft ohne „Stringer" doch seit jeher so gut wie nichts. Es gilt also, die „Locals" nicht nur auf Augenhöhe in unseren Journalismus zu integrieren und endlich auch deren Namen und Narrative zuzulassen, sondern das auch aktiv zu fördern.

Zum zweiten Punkt: Organisationsgrad der Auslandsberichterstatter

Wer sich an den Korrespondentenstandorten der Welt umhört, wird feststellen: Auslandskorrespondenten wehklagen oft und ausdauernd über ihre Abnehmerredaktionen, die Berichterstattung sowie die Zustände in heimatlichen Medienhäusern. Allerdings verhallt die häufig berechtigte Kritik meist weit weg, an den Korrespondentenstandorten – auf Treffen der jeweiligen Foreign Correspondents Associations, an Kneipentischen oder auf Party-Gesprächen. Abhilfe könnte eine Organisation der Auslandsjournalisten schaffen, die nicht fernab zetert, sondern aktiv am Mediendiskurs in Deutschland teilnimmt und die Stimmen der Kollegen im Ausland integriert.

Zwar existieren bereits etliche Journalisten-Organisationen: die Gewerkschaftsverbände, der Fachjournalistenverband, die Verbände der Sport- und Reisejournalisten, die Freischreiber für freie Journalisten oder das Netzwerk Recherche für die Investigativen. Aber ausgerechnet Auslandsberichterstatter sind nicht organisiert.

Übrigens interpretiere ich die Organisationsvielfalt im Journalismus nicht als Zersplitterung eines Berufstandes, sondern als Professionalisierung eines hochkomplexen und vielfältigen Berufsbildes. Auch Mediziner oder Juristen organisieren sich in dutzenden spezialisierten Fachverbänden und führen dort Diskussionen. So setzen sie letztlich Berufsstandards und vertreten nach außen professionell ihre Interessen.

Eine unabhängige Vereinigung der Auslandsjournalisten könnte als Qualitätstreiber und Standesvertretung fungieren. Sie könnte sich zur Aufgabe machen, beispielsweise Fehlentwicklungen auf die Tagesordnung der öffentlichen Mediendebatte oder der Rundfunkräte zu rücken. Sie könnte Berichterstattung in ausgewählten Einzelfällen anprangern oder auszeichnen. Sie könnte ethische Standards in einem Verhaltenskodex für Auslandsberichterstatter festlegen. Sie könnte die längst überfällige und notwendige Grundsatzdiskussion anschieben: Was soll und muss Auslandsberichterstattung in unserer Gesellschaft und im digitalen Zeitalter eigentlich leisten? Welche Funktionen muss sie erfüllen und was erwachsen daraus für Aufgaben?

Ganz sicher wäre dabei Afrikaberichterstattung besonders diskutabel: Was bedeutet sorgfältiges Recherchieren, wenn man als Afrikakorrespondent 49 Länder zu betreuen hat? Was heißt „Respekt vor anderen Kulturen" konkret? Wie heilig sind Ortsmarken? Wie eng dürfen Auslandsberichterstatter humanitär *embedded* sein? Welche Rechte haben lokale Mitarbeiter im Ausland und wer vertritt sie?

Mit einer solchen Standesvertretung könnten sich Auslandsredakteure, Reporter, Korrespondenten, feste und freie Auslandsjournalisten aller Mediengattungen einflussreich Gehör verschaffen.

Zum dritten Punkt: redaktionelle Strukturen und redaktionelles Management

Nur wenige Redaktionen in Deutschland können überhaupt auf Expertise in Punkto Afrika zurückgreifen. Positiv zu nennen wären hier der *Deutschlandfunk*, die *tageszeitung* oder die *Frankfurter Allgemeine*. Deren Redaktionskompetenzen machen sich an engagierten Einzelpersonen wie Thomas Scheen oder Dominik Johnson fest, aber teils auch an Konzeptionen. Viele andere Redaktionen sind hingegen von Produktionsroutinen, Kompetenzdefiziten und Konzeptlosigkeit gelähmt.

Dass die Hälfte der von mir befragten mehr als 25 Afrikakorrespondenten erklärte, für inhaltliche Fragen auf gar keinen kompetenten Ansprechpartner für Afrika in ihren Redaktionen zurückgreifen zu können, spricht Bände. Das gaben selbst Korrespondenten an, die für so einflussreiche Medien wie *ARD*, *ZDF* oder die *Deutsche Presseagentur* arbeiteten. Längerfristige oder gar konzeptionelle inhaltliche Planungen gibt es fast nirgendwo. Im Gegenteil: Insbesondere in den Printmedien tobte in den letzten Jahren der Rotstift. Im peripheren Berichtsfeld Afrika fielen Korrespondenten- und Redakteursstellen, Pauschalistenverträge, freie Mitarbeiter, Reisebudgets, Honorare und/oder Auslandsseiten weg. Und wir reden hier nicht etwa über die *Freie Presse* aus Chemnitz oder das *Tageblatt* in

Buxtehude, sondern über überregional meinungsbildende Leitmedien wie die *Süddeutsche Zeitung* oder den *Spiegel*.

Spannend ist es auch, die redaktionellen Strukturen und das redaktionelle Management der öffentlich-rechtlichen Rundfunkanstalten zu betrachten. *ARD* und *ZDF* bilden das wichtigste Fundament der Auslandsberichterstattung in Deutschland. Sie sind ein Kulturgut. Die *ARD* allein unterhält 26 Auslandsstudios weltweit. Dieses Netz ist eines der größten der Welt. Parallel dazu hat das *ZDF* ähnliche Strukturen aufgebaut. In Afrika allein sind *ARD* und *ZD*F mit Büros in Nairobi, Johannesburg, Rabat und Kairo präsent. Insgesamt arbeiten dort mehr als zwei Dutzend festangestellte Mitarbeiter. Zur richtigen Einordnung: Private Fernsehsender unterhalten in Afrika kein einziges Korrespondentenbüro.

Wäre es nicht sinnvoll, das weltweit vorhandene Potential der öffentlich-rechtlichen Sender zu heben, indem *ARD* und *ZDF* gemeinsam ein öffentlich-rechtliches Auslandsprogramm auf die Beine stellen? Ein solches Konstrukt böte phänomenale Chancen: Man hätte plötzlich Raum für neue, kreative, nachrichtliche, hintergründige, unterhaltende und ratgebende Auslandsformate jenseits vom episodischen „Auslandsjournal" und „Weltspiegel" und diversen Angeboten, auf die man zufällig irgendwo in den Nischen der Dritten Programme stößt. Die ausufernde Unübersichtlichkeit der Auslandsberichterstattung in öffentlich-rechtlichen Sendern wäre eingedämmt. Wer weiß heute noch was, wann, wo auf den mittlerweile zwanzig Programmen zu sehen ist?

Dieser Auslandsender kann kompetente Fachredaktionen für die verschiedenen Weltregionen aufbauen, die langfristig arbeiten und Qualitätsstandards setzen. Relevante Auslandsbeiträge fänden zu respektablen Sendezeiten Anerkennung. Synergien könnte es – staatsferne Berichterstattung vorausgesetzt – auch mit der *Deutschen Welle* geben. Und ein englischsprachiger Teil dieses Auslandsprogramms könnte auch weltweit wahrgenommen werden und würde die Nachrichteninsel Deutschland stärker in den internationalen Diskurs einbinden. Warum sollte man über einen solchen Auslandskanal nicht ernsthaft nachdenken? Wir haben doch auch Kanäle für Kultur, Nachrichten oder Kinder.

Zum vierten Punkt: das Personal

Wer sind eigentlich die Leute, die das Bild von Afrika maßgeblich mitbestimmen? Vordergründig sind das die Redakteure, Reporter, freien Journalisten, Pauschalisten und Korrespondenten, die in und für die Redaktionen zum Berichtsgebiet Afrika arbeiten. Diese Journalisten fallen jedoch nicht vom Himmel, sondern werden von Chefredakteuren, Ressortleitern und Personalabteilungen ausgewählt.

Die wenigen Afrikakorrespondenten, so belegen meine Forschungen, prägen in einem Maß das Afrikabild wichtiger Leitmedien wie keine andere Personengruppe. Liegt es da nicht auf der Hand, dass das inhaltlich hervorragend ausgebildete und auf die Arbeit in Afrika gut und lange vorbereitete Kollegen sein müssten?! – Dem ist aber nicht immer so.

Afrika dient meist als Einstiegskontinent ins Korrespondentenkarussell. Die Mehrzahl der Korrespondenten, so meine empirischen Ergebnisse, ging die Arbeit in Subsahara Afrika relativ ahnungslos und ohne vertiefte Regionalkenntnisse an. Ein Umstand der an Standorten wie Paris, London, Moskau, Washington, Peking oder Tokio undenkbar wäre. Je nachdem, wie Journalisten in den Heimatredaktionen aufgefallen waren, wurden manche Kollegen auch mit einem Korrespondentenposten im peripheren Afrika belohnt – oder bestraft.

Wie auch immer die Auswahlkriterien für Afrikaberichterstatter aussehen mögen, eines steht fest: Regionalkompetenz schadet zwar nicht, spielt jedoch eine untergeordnete Rolle. Im Einzelfall darf in Afrika auch schon mal Korrespondent werden, wer vorher den Kontinent noch nie betreten hatte. Um den institutionellen Erwerb von afrikaspezifischem Fachwissen kümmern die Redaktionen sich so gut wie nicht. Zum Afrikaexperten wird man qua Titel und via Learning by doing. Das autodidaktische Aneignen von Wissen über Afrika ist Usus.

Eine von mir betreute Abschlussarbeit an der Universität Leipzig analysierte die Fortbildungsprogramme von *ARD* und *ZDF* zwischen 1989 und 2010. Das Resultat: Für die regionalspezifische Ausbildung von Redakteuren, Reportern und Korrespondenten ist das Angebot kaum geeignet. Und sie ahnen es: Der afrikanische Kontinent bleibt in den Kursangeboten über zwanzig Jahre fast gänzlich unbeachtet, wie übrigens Südamerika und Asien auch. Wäre eine strukturierte und moderierte Informationsvermittlung zwischen Afrikajournalisten und Wissenschaften wie der Afrikanistik, der Politik-, Entwicklungs-, Militär-, Kultur- oder Wirtschaftswissenschaft nicht wünschenswert und gewinnbringend? Mit überschaubarem Aufwand wäre das in Form von Kursangeboten machbar.

Ärzte etwa müssen sich mittlerweile in einem Punktesystem permanent frisches Fachwissen aneignen. In den Massenmedien findet insbesondere in den Auslandsressorts gerade ein ganz entgegengesetzter Trend statt: Fachredaktionen und Fachredakteursstellen werden abgeschmolzen. Alleskönnende Allrounder sind als Afrikaberichterstatter häufig nicht nur zuständig für Politik, Kultur, Sport, Boulevard, Tourismus, Tierwelt, Krisen- und Kriegsberichterstattung – und das in riesigen Berichtsgebieten, die bis zu 49 Staaten umfassen. Sondern sie haben parallel zu Afrika auch noch Osteuropa, Russland, die UN oder die internationalen Gerichtshöfe in Den Haag mit zu betreuen. Ein *ARD*-Kollege brachte diesen Zustand mit dem Wort „Hochstapelei“ auf den Punkt.

Zusammenfassung

Man findet eine Menge hervorragender Afrikabeiträge in deutschen Medien. Keine Frage. Dennoch bleiben zentrale Kritikpunkte an der Afrika- und Auslandsberichterstattung seit Jahrzehnten virulent. Einen Qualitätssprung zu erreichen, ist jedoch trotz dieses ernüchternden Befundes möglich. Allerdings braucht das einige markante und mutige Einschnitte, die zum einen das journalistische Personal betreffen. Die Förderung von Kollegen mit afrikanischem Migrationshintergrund wäre ein ähnlicher Gewinn wie vertiefte Kooperationen mit afrikanischen Journalisten. Wir müssen in unseren Massenmedien afrikanische Narrative nicht nur zulassen, sondern sie aktiv fördern. Eine vorausschauende Personalauswahl muss nach klaren Kompetenzkriterien erfolgen. Kluge, mittel- und langfristige Personalentwicklung sollte auch darauf achten, dass Auslandsjournalisten sich institutionell weiterbilden und auf diese Weise aktuelles regionalspezifisches Wissen vermittelt bekommen. Das alles hat wiederum mit redaktionellen Strukturen, Kompetenzen, Konzeptionen und Budgets zu tun. Denn diese beeinflussen die Qualität der Berichterstattung maßgeblich mit. Ein gemeinsamer Auslandskanal von *ARD* und *ZDF* könnte neuen kreativen Raum schaffen. Ein solches Projekt wäre ein Quantensprung für die Präsentation, Vielfalt und Qualität von Auslandsberichterstattung in Deutschland und ein englisches Teilprogramm könnte auch internationale Aufmerksamkeit erzielen.

Es ist ein unablässiger Verlust, dass die vielschichtigen Kenntnisse, Ideen und Vorschläge so vieler erfahrener Auslandsjournalisten nicht deutlicher in den hiesigen Mediendiskurs einfließen. Schlagartig geändert werden kann das durch den Aufbau einer Standesorganisation, die kompetent ihre Stimme erhebt.

Das Afrikabild aus wirtschaftlicher Perspektive – Hoffnungsloser Fall oder aufstrebende Macht?

Silvia Liebrich

Einleitung

Um es vorwegzunehmen, die eine Sicht auf die Wirtschaft Afrikas wird es ganz sicher nicht geben, kann es nicht geben, dazu hat der Kontinent zu viele Facetten. Der Blickwinkel, aus dem ausländische Investoren, Unternehmen und Ökonomen die Länder Afrikas betrachten, ist ein sehr individueller – und er ist getrieben von eigenen Interessen und Vorurteilen.

Versuche, die einzelnen Ökonomien an Hand von Wirtschaftsdaten zu analysieren, stoßen schnell an ihre Grenzen. Nackte Zahlen und Fakten über Wirtschaftswachstum, Arbeitslosenquoten oder Schuldenstände vermitteln ein verzerrtes Bild von der tatsächlichen Lage. Um zu verstehen, wie es wirklich aussieht, muss man sich ein Bild vor Ort machen, sich einlassen auf Menschen und Kultur. Für Unternehmen, die sich in afrikanischen Ländern engagieren wollen, ist das ein absolutes Muss und entscheidender Erfolgsfaktor.

Afrika ist ein Kontinent, auf dem es mehr als 50 offizielle Staaten gibt, deren kulturelle, soziale, ökonomische und historische Entwicklungen und Hintergründe höchst unterschiedlich sind. Es ist mehr als 50 Jahre her, seitdem die meisten Länder nach langer Herrschaft durch westliche Kolonialmächte in die Freiheit entlassen wurden. Die Jahrhunderte alten, traditionellen Strukturen im Handel waren von den Kolonialmächten über Jahrzehnte systematisch zerstört worden. Zurück blieben Länder ohne funktionierende wirtschaftliche, soziale und politische Strukturen. Ein denkbar schlechter Start in eine Unabhängigkeit. Damit kämpfen die meisten Länder bis heute. Das Fehlen von gewachsenen Wirtschaftsstrukturen erschwert einen echten Aufschwung bis heute. Wer die wirtschaftlichen Probleme des Kontinents verstehen will, muss das immer im Hinterkopf haben.

Klar ist auch, ein allgemein gültiges Rezept für Afrika gibt es aus ökonomischer Sicht nicht. Das Afrika gibt es nicht. Nehmen wir nur die Länder nördlich der Sahara, Ägypten oder Marokko und vergleichen sie mit Subsahara-Nationen wie Kenia, Ruanda oder Südafrika. Sie lassen sich nicht über einen Kamm scheren oder in ein Schema pressen, weder politisch noch ökonomisch. Das wäre ungefähr so sinnvoll wie die Wirtschaftskraft Islands mit der Argentiniens zu vergleichen.

Kommen wir zu dem Bild, das die Medien von Afrika und seiner wirtschaftlichen Lage zeichnen. Das war in den vergangenen 30 Jahren ein höchst widersprüchliches. Die Spannweite reicht von tiefer Depression bis hin zu hemmungsloser Euphorie.

Ich will einige Beispiele nennen: „Africa's woes: Coups, Conflict and Corruption", lautet der Titel des *Time Magazine* im Jahr 1984: Konflikte und Korruption gehören bis zu heute zu den am meisten beschriebenen Risiken, mit denen ausländische Investoren umgehen müssen. 1984 war das Bild Afrikas in den Medien das eines verlorenen Kontinents. 16 Jahre später hat sich daran wenig geändert: „The Hopeless Continent", titelte *The Economist* im Mai 2000: Ein hoffnungsloser Fall also. Dann, Jahre später, zeichnet sich langsam eine Wende ab: „Africa Rising" steht auf dem Cover von *The Economist* Ende 2011: Afrika erhebt sich. „Vom Kontinent der Visionen", spricht die *Süddeutsche Zeitung* im Januar 2012. Seitdem überschlagen sich die Superlative: „Löwen auf dem Sprung", „Afrikanische Morgendämmerung", um nur einige Überschriften aus der neueren Zeit zu nennen. Tatsache ist: Keine dieser Überschriften wird der Realität wirklich gerecht. Doch darauf werde ich später zurückkommen. Zunächst will ich der Frage nachgehen: Was hat den plötzlichen Sinneswandel bewirkt? Warum wird aus dem hoffnungslosen Fall Afrika plötzlich ein aufstrebender Kontinent, zumindest in den Medien?

Die Lösung ist naheliegend: China und Rohstoffe sind die entscheidenden Stichworte. Der Aufstieg der neuen Weltmacht beschert auch den afrikanischen Ländern einen Boom, allerdings nur jenen, die China das bieten können, was die Volksrepublik so dringend braucht: Rohstoffe. Öl, Erze, Agrarrohstoffe. Die neuen Geschäftspartner aus Fernost schaffen ein Gegengewicht zu den altbekannten, die vor allem aus den USA und Europa kommen.

Die neuen Geschäftsfreunde stellen sich den afrikanischen Regierungen als gleichberechtigte Partner vor. Sie nehmen Rohstoffe ab und bauen im Gegenzug Straßen und ganze Städte auf. Und sie stellen keine lästigen Fragen. Die Einhaltung von Menschenrechten, demokratische Staatsführung, Korruption spielen für sie keine Rolle. Für afrikanische Regenten ist das eine völlig neue Erfahrung. Sie haben das Gefühl, Geschäfte auf Augenhöhe zu machen. Geschäfte, die nicht an Bedingungen geknüpft sind, wie sie die bisherigen Geldgeber aus den USA oder Europa oft stellen. Geschäfte, die nichts mit Entwicklungshilfe zu tun haben.

Das Auftauchen neuer Geschäftspartner, die zunehmend auch aus dem arabischen Raum, Südamerika oder der Türkei kommen, sorgt noch für etwas ganz anderes: Für mehr Wettbewerb im Kampf um Rohstoffe, in einer Zeit, in der deutlich wird, dass die Vorräte endlich sind. Das gilt nicht nur für Erdöl, den wichtigsten Schmierstoff der Weltwirtschaft. Nigeria, Angola und einige andere afrikanische Länder verfügen über viel Rohöl. Und es ist kein Zufall, dass China in diesen Ländern inzwischen einer der wichtigsten oder gar der wichtigste Abnehmer und Investor ist. Dass die Milliardeneinnahmen aus diesen Geschäften von korrupten Führungseliten veruntreut werden und nicht dem Volk zu Gute kommen, stört China dabei noch weniger als die altbekannten Geschäftspartner aus der westlichen Welt.

Der Wettbewerb um Afrikas Schätze schlägt sich in Zahlen nieder: sechs der zehn am schnellsten wachsenden Volkswirtschaften weltweit liegen in Afrika. Das klingt gut, ist aber bei näherer Betrachtung allenfalls ein Hoffnungsschimmer. Einen echten Aufschwung belegen diese Zahlen noch lange nicht. Warum das so ist, will ich an drei Beispielen aufzeigen.

Angola – erst der Ölrausch, dann der Kater

Angola, das bedeutet traumhafte Wirtschaftszahlen, doch der Großteil der Bevölkerung lebt im Elend. Vom Wohlstand profitiert nur eine kleine Elite. 100 Milliarden Dollar Wirtschaftsleistung kann das Land vorweisen, das ist Spitzenklasse. Kein anderes afrikanisches Land kann da mithalten. Öl und Diamanten sind die Haupteinnahmequellen. Staatschef Dos Santos ist seit mehr als dreißig Jahren im Amt. Er und seine Generäle kontrollieren die Wirtschaft. Trotz des Booms hat das Land nicht einmal eine eigene Börse. Bilanzen von Unternehmen müssen nicht offengelegt werden. Die Rechtslage ist – vorsichtig ausgedrückt – unsicher. Verlässliche Daten über Arbeitslosenzahlen, Inflation existieren schlicht nicht. Bekannt ist aber, dass eine Pizza in der Hauptstadt Luanda mehr als 20 US-Dollar kostet. Auch das ist eine Spitzenleistung. Solche Preise sind völlig unerschwinglich für die meisten Angolaner, von denen über die Hälfte unter der Armutsgrenze lebt.

Die Frage ist, was bleibt, wenn der Ölrausch zu Ende ist? Rohstoffe können zum Fluch werden, wenn ihre Einnahmen nicht genutzt werden, um den Handel anzukurbeln und produzierende Unternehmen anzulocken, die Arbeitsplätze schaffen. Rohstoffe können zum Fluch werden, wenn die Einnahmen daraus nicht zum Aufbau von Strom-, Wasser-, Gesundheitsversorgung und Bildung genutzt werden. Am Ende bleiben noch mehr Armut und Chaos als zu Beginn des Booms. Genau darauf steuert Angola zu. Langfristig orientierten Unternehmern, die es nicht auf Öl und Gas abgesehen haben, fehlt der Anreiz, in das Land zu investieren.

Angola ist ein Beispiel für einen rasanten Aufschwung, dem ein tiefer Absturz folgen wird, wenn die Rohstoffvorräte zur Neige gehen. Erst der Rausch, dann der Kater.

Elfenbeinküste und der Kakao-Krieg

Elfenbeinküste ist der größte Kakaolieferant für die Schokoladenindustrie. Fast der gesamte Regenwald wurde für Kakaoplantagen geopfert. Doch die Monokultur erweist sich nun als Bumerang. Ein Viertel der 20-Millionen-Bevölkerung lebt direkt oder indirekt vom Kakaoanbau, aber die Produktion sinkt seit Jahren, die Bäume leiden unter Krankheiten. Die Böden erodieren. Das Land steuert auf eine Umweltkatastrophe zu. Eine Million Kakaobauern gibt es in Elfenbeinküste, das einst unter französischer Kolonialherrschaft stand. Kinderarbeit ist trotz internationaler Proteste nach wie vor weit verbreitet. Schon zur Kolonialzeit unter französischer Herrschaft war Kakao ein wichtiges Exportgut. Der erste schwarze Präsident, Felix Houphouet-Boigny, hat den Anbau nach der Unabhängigkeit forciert. Elfenbeinküste sollte *die* führende Kakao-Nation werden – und sein Ziel war es, die Bevölkerung des Landes auf 50 Millionen Einwohner mehr als zu verdoppeln. Der steigende Kakaoanbau soll sie ernähren. Um sein Ziel schneller zu erreichen, holte er Gastarbeiter aus den Nachbarländern Mali, Burkina Faso und Guinea. Seine Rechnung ging zunächst auf, die Wirtschaft wuchs um zehn Prozent jährlich – bis Anfang der achtziger Jahre die Bevölkerungsexplosion und der Einbruch der weltweiten Rohstoffpreise seine Pläne durchkreuzte. Dem Aufschwung folgte ein langer, bitterer Niedergang. Er führte zu Rivalitäten zwischen Gastarbeitern und Einheimischen, die schließlich in einen Bürgerkrieg mündeten. Ursache war letztendlich der Kampf um Kakao.

Von den Milliarden, die das Land mit dem Kakaoanbau verdiente, kam bis heute kaum etwas bei den Bauern an. Sie blieben arm. Anstatt in die Infrastruktur des Landes zu investieren, in Straßen, Schulen, Bildung und ein Gesundheitswesen, wirtschafteten Houphouet-Boigny und seine Nachfolger in die eigene Tasche. Korruption ist auch heute noch eines der größten Probleme von Elfenbeinküste, das auf der Liste von Transparency International weit hinten rangiert. Vor drei Jahren wurden 23 hochrangige Beamte aus dem Bereich der Kakaowirtschaft verhaftet, weil sie umgerechnet 150 Millionen Euro veruntreut haben sollen. Houphouet-Boignys Privatvermögen wurde bei seinem Tod im Jahr 1993 auf sieben bis elf Milliarden Dollar geschätzt. Hinterlassen hat er seinem Volk eine monströse Kathedrale im Dschungel, die selbst die Ausmaße des Petersdoms in Rom übertrifft. Elfenbeinküste ist Beispiel für ein Land, das seine Schätze bereits verspielt hat und vom Rohstoff-Fluch erfasst wurde. Die Umweltkatastrophe ist unmittelbare Folge einer gnadenlosen Ausbeutung der wichtigsten Ressourcen des Landes. Doch es geht auch anders und besser.

Ruanda, ein afrikanisches Wunder?

Der Name Ruanda ist untrennbar verbunden mit Bürgerkrieg und Völkermord. Der Hass zwischen Hutu und Tutsi kostete Mitte der neunziger Jahre fast eine Million Menschenleben. Doch Präsident Paul Kagame will zeigen, dass dem Land eine große wirtschaftliche Zukunft bevorsteht, und zwar ohne Rohstoffe. Dieser Weg ist steinig, erst recht für ein Land, das gerade mal so groß ist wie Sachsen-Anhalt, das mitten im Herzen des Kontinents liegt, weit ab von Seehäfen und afrikanischen Wirtschaftszentren wie Johannesburg oder Nairobi. Doch gerade dieses kleine Land mit scheinbar schlechten Voraussetzungen hat in den vergangenen Jahren fast ein kleines Wunder vollbracht.

Mit einer Wirtschaftsleistung von 6,5 Milliarden Dollar zählt Ruanda schon seit einigen Jahren zu den am stärksten wachsenden Ländern auf dem afrikanischen Kontinent. In der Hauptstadt Kigali wachsen Hochhäuser aus Glas und Beton in den Himmel. Banken, Versicherungen, Telefongesellschaften und andere Firmen haben sich niedergelassen. Im ganzen Land wird gebaut. Wohnsiedlungen, Straßen, Solar- und Biogasanlagen entstehen. Auch deutsche Unternehmen sind beteiligt.

Das Geld für den Wirtschaftsboom kommt vor allem aus dem Ausland – und es fließt reichlich. Mehr als 60 Prozent des Staatshaushaltes werden so finanziert. Ruanda gilt heute als eines der sichersten Länder in ganz Afrika, das auch energisch gegen Korruption vorgeht. Ausländische Unternehmer können hier innerhalb von drei Tagen eine Firma gründen.

Der Präsident hat einen Traum: Er will Ruanda zu einem Vorzeigeland machen, politisch stabil und auf lange Sicht wirtschaftlich unabhängig. „2020“ heißt sein Programm. Es sieht ein jährliches Wirtschaftswachstum von mindestens sieben Prozent vor. Die Richtung zumindest stimmt. Ruanda bietet Finanzdienstleistungen in ganz Afrika an. Mit dem Geld von Investoren werden Textilfabriken und Lebensmittelfirmen aufgebaut, Arbeitsplätze entstehen. Das Land setzt auf erneuerbare Energien.

Zum Problem könnte allerdings dies werden: Präsident Kagame ist Antriebskraft und Schwachpunkt des Aufschwungs zugleich. Eine echte Demokratie lässt der starke Mann im Land nicht zu. Während Kritiker von einer Entwicklungsdiktatur sprechen, sehen Befürworter seine Politik als Modell für den Kontinent. Fest steht: Aufgehen wird seine Strategie nur, wenn seine Nachfolger Kagames Vision weiterverfolgen.

Das waren nur drei Beispiele. Doch sie zeigen, wie unterschiedlich die Probleme sind, mit denen jedes einzelne Land kämpft. Daneben gibt es aber auch jene, die in vielen Ländern die gleichen sind, dazu gehören Korruption und schlechte Regierungsführung.

Womit ich wieder einen Schritt zurücktreten und einen Blick auf den Kontinent als ganzen werfen will. Das ist wichtig, um die Frage zu beantworten, ob Afrikas Wirtschaft nun ein hoffnungsloser Fall oder aufstrebender Musterknabe ist.

Hier gilt: Mit Übertreibungen in die eine oder andere Richtung ist niemandem geholfen. Es gilt, die Fakten richtig einzuordnen. Sicher, die positiven Signale, sie sind vorhanden, der Wohlstand wächst, zwar nur sehr langsam. Aber das macht Mut.

Gut klingt auch, dass sechs der zehn am schnellsten wachsenden Volkswirtschaften weltweit in Afrika liegen. Unerwähnt bleibt dabei jedoch meist, dass diese Länder von einem sehr niedrigen Niveau kommen. In absoluten Zahlen gemessen liegen sie im internationalen Vergleich weit abgeschlagen auf den hinteren Plätzen. Auch beruht das so hoch gelobte Wirtschaftswachstum in erster Linie auf dem Verkauf von Rohstoffen – mittel- oder langfristig versiegt diese Einnahmequelle. Zudem haben viele Länder in den vergangenen Jahren die Berechnung ihrer Wirtschaftsleistung umgestellt, auch der Straßenhandel wird jetzt einkalkuliert, doch die Datenbasis dafür ist sehr vage. Ein Vergleich mit alten Zahlen lässt so das Wachstum größer erscheinen, als es tatsächlich ist.

Bedrückend ist außerdem, dass vor allem die Arbeitslosigkeit unter den Jungen wächst. In Bildung und neue Arbeitsplätze wird kaum investiert. Reiche Länder wie Nigeria können ihre Wirtschaftsleistung nicht ausbauen, weil es der Staat versäumt, in den Ausbau der Energieversorgung zu investieren. Strom ist deshalb knapp.

Wenn Afrika als Kontinent einen echten Aufschwung schaffen will, muss es vor allem den innerafrikanischen Handel forcieren. Nur zwölf Prozent der Waren auf dem Kontinent werden zwischen den afrikanischen Ländern gehandelt. Echtes Wachstum und Wohlstand entstehen nur dann, wenn afrikanische Unternehmen mit afrikanischen Arbeitern für Kunden in Afrika produzieren. Wachstum lässt sich nicht damit schaffen, Billigprodukte aus China zu beziehen.

Eine wichtige Rolle kann dabei auch die Landwirtschaft spielen. Noch vor 50 Jahren hat Afrika die Hälfte seiner Lebensmittel exportiert, heute muss es 50 Prozent des Bedarfs durch Importe decken. Dabei gilt die Landwirtschaft Afrikas weltweit als die mit den größten Potentialen.

Um jedoch den Aufbau in allen Bereichen der Wirtschaft zu finanzieren, braucht der Kontinent, brauchen die Länder Kapital von ausländischen Investoren. Ein bereits erwähntes Beispiel ist Ruanda. Doch Geldgeber machen nach wie vor um Afrika einen großen Bogen. Bei aller Euphorie darf nicht übersehen werden, nur fünf Prozent der weltweiten Anlagegelder finden ihren Weg nach Afrika. Das ist viel zu wenig. Mehr Geld wird es aber nur geben, wenn privaten Investoren mehr Sicherheit geboten wird, dass sie ihr Geld auch wiedersehen. Erste Voraussetzungen dafür sind die konsequente Bekämpfung von Korruption und eine gute Regierungsführung.

Mit den ewig alten Schuldzuweisungen gegen die alten Kolonialmächte ist es nicht mehr getan. Sicher hinterlässt die Zeit bis heute ihre Spuren. Doch es liegt in der Verantwortung heutiger Regierungen, das zu ändern und Wohlstand für alle zu schaffen. Ruandas Präsident Paul Kagame bringt es auf den Punkt, wenn er sagt: „Wir sind keine Opfer, wir sind Partner.“ Und das bedeutet, Verantwortung zu übernehmen. Doch es wird vermutlich noch eine Weile dauern, bis diese Botschaft auch bei anderen afrikanischen Regierungschefs ankommt und – noch wichtiger – auch wirklich verstanden wird. Womit ich zum Ende kommen will: Für mich lässt diese Bestandsaufnahme nur einen Schluss zu: Afrika ist weder ein hoffnungsloser Fall, noch ein Boom-Kontinent, sondern liegt irgendwo dazwischen. Viele Probleme sind hausgemacht, aber sie lassen sich lösen. Vor allem aber muss Afrika zusammenwachsen und sich seiner eigenen Stärken besinnen.

Das Afrikabild aus kultureller Perspektive – Gedanken einer angolanischen Künstlerin

Manuela Sambo

Einleitung

Dass ich das Wort „Künstlerin" betone, ist für mich wichtig, denn ich bin eine solche und keine Kunsthistorikerin. Deshalb kann ich nur aus dieser speziellen Perspektive meine Meinung äußern. Meine erste Frage lautet daher: Ist es möglich dem Konsumenten ein objektives, realistisches, kritisches und auf Fakten basierendes Bild des ganzen afrikanischen Kontinents zu vermitteln?

Sprechen wir in Deutschland über Afrika, bauen sich ganz bestimmte Bilder in den Köpfen der deutschen Zuhörer und Gesprächspartner auf. Bilder von Armut, von Kriegen, von Exotik und – im künstlerischen Kontext – von ursprünglicher Kunst, von traditionellen, geheimnisvollen und zuweilen auch als unheimlich empfundenen Skulpturen und Masken. So konnte und musste ich es unzählige Male in den verschiedensten Kontexten und auf unterschiedlichste Art und Weise erleben.

Als in Deutschland lebende, angolanische Künstlerin ist es bisweilen sehr schwer, gegen diese Bilder anzukommen. Wie kommt es überhaupt zu dieser Situation? Wie kamen diese festen Vorstellungen und Ideen zustande? Wieso haben so viele Menschen in Deutschland so tiefsitzende, schwer zu verändernde, vorgefasste Meinungen über den afrikanischen Kontinent? Welche Rolle spielt hier der kunstgeschichtliche Diskurs und welche Rolle spielen die Medien? Wie werden Afrika und die afrikanischen Themen vermittelt?

Beginnen wir mit dem Begriff „Afrikanische Kunst".

Was ist eigentlich damit gemeint und warum wird dieser Begriff so undifferenziert ausgesprochen? Wäre es richtig, wenn wir in der gleichen Weise über eine europäische Kunst als Sammelbegriff sprechen würden?

Afrika ist ein gigantischer Kontinent mit 54 Ländern, der von verschiedenen europäischen Ländern, zum Teil über 500 Jahre lang kolonisiert wurde (zum Beispiel war Angola fast 500 Jahre eine portugiesische Kolonie). Das bedeutet, dass auch die Kultur und die Geschichte des kolonisierenden Landes auf unterschiedliche Art in die Kultur und Geschichte des kolonisierten Landes aufgenommen wurden beziehungsweise eingegangen sind. Der afrikanische Kontinent blickt auf eine sehr bewegte Geschichte und auch auf eine sehr wechselreiche Kunstgeschichte zurück. Die Unterschiede in diesem Kontext sind unter den afrikanischen Ländern mindestens genau so vielfältig wie in Europa. Doch sprechen wir in Deutschland oft sehr verallgemeinernd über diesen Kontinent. Wenn ich in Deutschland Nachrichten über Angola höre – was nur selten vorkommt, weil selten Nachrichten über Angola verbreitet werden – kann ich diese kaum mit dem Land verbinden, in dem ich geboren und aufgewachsen bin und das ich sehr gut kenne. So verzerrt erlebe und empfinde ich manchmal die Berichterstattung.

Denn Folgendes muss man berücksichtigen: Seit Ende des Krieges 2002 hat Angola eine rasante wirtschaftliche Entwicklung hingelegt. Das Wirtschaftswachstum Angolas ist das größte in Afrika. Ein wenig später als in anderen Ländern hat die deutsche Wirtschaft das registriert. Mittlerweile sind viele deutsche Firmen in Angola ansässig und bemühen sich um angolanische Geschäftspartner. Die deutsche Kanzlerin hat 2011 das Land besucht, das Auswärtige Amt hat positive Empfehlungen ausgesprochen, eine Vertretung der deutschen Industrie- und Handelskammer wurde vor einem Jahr in der Hauptstadt Luanda eröffnet, ein Kulturabkommen wurde unterschrieben und eine Vertretung des Goethe-Instituts in Luanda eröffnet. Dies alles trägt natürlich dazu bei, dass auch die zeitgenössische Kunst- und Kulturszene Angolas, mit all ihrer Lebendigkeit, Kreativität und Qualität auf einmal intensiver im Westen wahrgenommen wird. Wie kommt es dazu? Mit dieser Frage beschäftige ich mich seit Jahren, auch in meiner künstlerischen Arbeit.

Kunstgeschichte/Kunstvermittlung

Fangen wir mit dem Begriff „Afrika“ an. Allein die Differenzierung der Länder dieses enorm großen Kontinents ist in deutschen Medien, zumindest in Bezug auf Kunst und Kultur, sehr selten zu finden und scheint eine große Herausforderung zu sein. Das Wort „Afrika“ wird oft benutzt als handelte es sich um ein einziges Land. Dass auf diesem Kontinent unterschiedlichste geschichtliche, wirtschaftliche und kulturelle Entwicklungen stattfanden, dass es verschiedene Traditionen, Sprachen, Literatur und Kunst gibt, genauso wie in Europa, wird selten in der Berichterstattung herausgearbeitet. Afrika ist für viele ein großes Land, weit weg von Europa und weit weg von Deutschland.

Ich denke, dass die in den deutschen Medien über Afrika vermittelten Bilder ganz entscheidend mit dem kunstgeschichtlichen Diskurs beziehungsweise mit der hiesigen kunstgeschichtlichen Herangehensweise verbunden sind. Die auf Afrika bezogene kunstgeschichtliche Arbeit in Deutschland vermittelt seit Jahrhunderten ein konstantes Bild, welches auf der Ethnologie basiert, auf der Untersuchung traditioneller Stammeskunst. Da Deutschland keine großen und nur kurzzeitig Kolonien besaß, ist die Verbindung zu afrikanischen Ländern oft eine eher künstliche, schwache und entweder auf wirtschaftlichen oder auf ethnologischen Aspekten basierende. In dieser Beziehung fand kein natürlicher kultureller Austausch statt, wie ihn beispielsweise die Franzosen oder die Portugiesen mit ihren Kolonien hatten. In diesen Ländern werden heute afrikanische Künstler aller Sparten seit langem von einem interessierten Publikum wahrgenommen.

Hingegen fokussiert die entsprechende Kunst- und Kulturvermittlung in Deutschland fast ausschließlich auf traditionelle Kunstartefakte, hauptsächlich durch Skulpturen und Masken oder auf die Vermittlung von Wissen bezüglich afrikanischer Traditionen. Gegenwärtig liegt der Schwerpunkt auf der Vermittlung von Wissen über wirtschaftliche Faktoren, wie beispielsweise die zunehmende ökonomische Bedeutung des afrikanischen Kontinents mit seinen nahezu unendlichen Ressourcen für Europa.

Ein Zeichen für diese Defizite sind die wenigen deutschen Galerien, die sich auf zeitgenössische afrikanische Kunst spezialisiert haben. Dazu kommt auch die große und einseitig betrachtete Problematik von Krieg und Armut, die immer wieder gern unter dem immer gleichen Schema dargestellt wird.

Am Beispiel Angola können wir feststellen, dass die urbane Entwicklung, die ebenso rasante wirtschaftliche Entwicklung seit Beendigung des Krieges im Jahr 2002 und das Heranwachsen einer breiten, äußerst aktiven, gebildeten und sehr interessierten Künstler- und Intellektuellenschicht und ihre Verbindungen zur Diaspora nur sehr leisen Widerhall in den relevanten deutschen Medien finden. Die kunstgeschichtliche Entwicklung Afrikas blieb und bleibt weitgehend vernachlässigt.

Die Medien und ihr Rückgriff auf die Kunstgeschichte

Die genannten Fakten sind nicht nur auf das Unvermögen einiger Journalisten und Berichterstatter zurückzuführen, sondern sind ebenfalls Ergebnis einer einseitigen und zuweilen tendenziösen Fachliteratur und Berichterstattung, auf die deutsche Journalisten mangels entsprechender besserer Werke und Bezugsquellen zurückgreifen.

Meiner Meinung nach liegt das Problem in der Grundlagenarbeit der Historiker und Ethnologen, die Afrika zu lange als den Urkontinent in jeglicher Hinsicht betrachtet wissen wollen. Hätten sich die Ethnologen und andere Wissenschaftler was Amerika angeht – gestern wie heute – ausschließlich auf die Geschichte der Indianer konzentriert, wäre vielleicht auch ein anderes Bild von Amerika in den Köpfen der Menschen in Deutschland entstanden.

Neue Tendenzen in der Berichterstattung

Doch durch die sehr schnelle Entwicklung Afrikas im Allgemeinen und insbesondere Angolas, speziell im wirtschaftlichen Bereich, stellt man zahlreiche neue Ansätze fest. Eine neue Generation von Kunsthistorikern und -wissenschaftlern ist in Deutschland herangewachsen. Sie sind jünger, denken globaler und haben einen oft multikulturellen Hintergrund. Sie interessieren sich für die moderne Kunstszene in ganz Afrika, reisen dorthin, pflegen Kontakte, leben zeitweilig dort, forschen und schreiben darüber.

Ein herausragendes Beispiel für diesen neuartigen Umgang stellt das Buch „Afrika und die Kunst“ dar. Das sogenannte „Blaue Buch“ ist ein umfangreiches Werk, herausgegeben vom Verleger Günter Karwik und der Kunsthistorikerin Dorina Hecht: Erstmalig in Deutschland beleuchtet das Werk den Zusammenhang zwischen der modernen Kunst Afrikas und der Sammlertätigkeit in Deutschland derart ausgiebig. Neuartig ist dieses Buch innerhalb der deutschen Fachliteratur auch, weil die afrikanische Kunst und die entsprechenden deutschen Sammlungen aus einer präzisen, fundierten und wissenschaftlich-kunsthistorischen Perspektive erschlossen werden. Im „Blauen Buch“ wir festgestellt: Viele Sammler richten ihren Fokus auf „afrikanische Kunst“, das heißt auf die Kunst eines ganzen Kontinents. Sie sammeln unter dem Begriff „Afrika“, also ohne Schwerpunkte und Differenzierungen zu setzen. Weiter stellt man dort jedoch klar: In der Diskussion über Afrika kann Afrika nicht als Ganzes behandelt, sondern muss als Begriff komplex und differenziert betrachtet werden. Resümierend schreibt die Kunstwissenschaftlerin Dorina Hecht (2010) über ihr Werk:

> *„Das vorliegende Buch präsentiert einen Querschnitt durch qualitativ hochwertige, junge und ältere Kunstwerke in deutschen Privatsammlungen und zeigt ihr breites Spektrum auf. (...) Der Leser erhält einen Einblick in die Kunstwerke, die in Deutschland als wertvolles Kulturgut aus Afrika und von Künstlern mit afrikanischen Wurzeln geschätzt, geliebt und gesammelt werden. (...) Klare Antworten auf die zahlreichen komplexen Fragen, die afrikanische und zeitgenössische Kunst seit der Europäischen Moderne begleiten, sollen hier nicht angeboten werden. Die vorliegende Publikation möchte jedoch Sammler und andere interessierte Leser einladen, die Diskussion um die Kunst Afrikas und seiner Künstler interessiert, kritisch und perspektivenreich zu begleiten.“*

Auch Galerien setzen immer selbstbewusster ihren Schwerpunkt auf afrikanische Gegenwartskunst: Hier besetzt die Galerie ArtCo in Aachen – mit ihrem einzigartigem Programm mit den namhaftesten modernen afrikanischen Künstlern, mit Messeteilnahmen und mit unter der Mitarbeit von Kunstwissenschaftlern herausgegebenen regelmäßigen Publikationen – eine besondere Stellung. Das Vorgehen dieser Galerie ist mutig und in gewisser Weise auch Pionierarbeit innerhalb der engen, auf den Westen und seit einigen Jahren auch auf Asien fokussierten deutschen Kunstszene.

Dass es in Deutschland jedoch nur wenige Galerien mit Ausrichtung auf zeitgenössische afrikanische Kunst gibt, sagt viel über die Wahrnehmung und Verbreitung afrikanischer Kunst in Deutschland aus. An einigen Beispielen lässt sich immerhin erkennen, dass sich einiges verändert hat:

- Der nigerianische Kurator und Autor Okwui Enwezor, jetziger Direktor des Hauses der Kunst München, leitete die elfte Dokumenta.
- Yvette Mutumba promovierte zum Thema moderne afrikanischer Kunst. Sie ist seit diesem Jahr Kustodin des Museums für Weltkunst in Frankfurt am Main.
- Hervorzuheben ist auch der neue Fachbereich für Kunstgeschichte Afrikas an der Freien Universität Berlin.
- Bei den neuen Medien ist die durch das IFA-Institut neugegründete internationale Plattform für zeitgenössische afrikanische Kunst „Contemporary &" zu erwähnen. Sie weist eine hohe Qualität auf und ist international ausgerichtet: Die Macherinnen und Macher dieser Plattform wurden eingeladen, bei der diesjährigen Art Basel über ihre international anerkannte Arbeit zu berichten und zu diskutieren.

Neue Entwicklungen in der Organisation afrikanischer Ausstellungen/Offensiver Umgang seitens afrikanischer Künstler und Resonanz darauf

All diese Entwicklungen haben dazu beigetragen, dass Ausstellungen, die bis dato fast nur im ethnologischen Kontext stattfanden, sich nun ausschließlich der zeitgenössischen afrikanischen Kunst widmen. Ihre Ansätze sind unterschiedlich gut herausgearbeitet und werden aber auch unterschiedlich wahrgenommen und rezensiert.

Die afrikanische Kunstszene selbst ist jedoch ihrerseits offensiver geworden. Die Joburg Art Fair (ausschließlich für zeitgenössische afrikanische Kunst) hat sich zu einer wichtigen internationalen Kunstmesse mit zahlungskräftigem Publikum entwickelt. Ähnliches lässt sich über die Biennale von Dakar sagen. Die Triennale von Luanda entwickelt sich vielversprechend.

In diesem Jahr wurde in London erstmalig eine Kunstmesse für zeitgenössische afrikanische Kunst – die Art Fair 1:54 – ausgerichtet. Große Weltmuseen erwerben mittlerweile afrikanische Gegenwartskunst. Aber auch deutsche Künstler und Kunstvermittler haben das Potential und die Kaufkraft der wachsenden intellektuellen Mittel- und Oberschicht vieler afrikanischer Länder erkannt. Sie organisieren Ausstellungen in diesen Ländern – wie beispielsweise in diesem Jahr den ersten deutsch-angolanischer Künstlerdialog in Luanda. Angola hat in diesem Jahr zum zweiten Mal an der Biennale von Venedig mit einem eigenen Pavillon teilgenommen. Dass Angola für seinen Beitrag den Goldenen Löwen gewann, trägt ebenso zum Ruf und zur Reputation der angolanischen Kunst- und Kulturszene bei.

Es bleibt zu hoffen, dass immer mehr afrikanische Künstler Zugang zu großen deutschen Galerien und Kunstsammlungen finden und ganz selbstverständlich, neben ihren europäischen, amerikanischen und asiatischen Kollegen, in Museen und Galerien ausgestellt werden. Insbesondere bleibt zu hoffen, dass die deutschen Medien diese Entwicklungen wahrnehmen, sich interessieren, recherchieren und dort, wo es notwendig ist, sie mit sachlicher und sachkundiger Kritik begleiten und darüber berichten, statt noch immer anachronistisch auf alte Zerrbilder über Stammeskunst und Stammeskriege zu beharren. Nicht nur der afrikanische Kontinent kann daraus Nutzen ziehen. Vorteile in vielerlei Hinsicht können daraus auch die deutschen Rezipienten der hiesigen Kunstberichterstattung ziehen.

Das Afrikabild aus journalistischer Perspektive – Ergebnisse einer Inhaltsanalyse deutscher Zeitungen im Frühjahr 2013

Marcus Kreutler, Susanne Fengler

Einleitung und Methodik

Afrika gilt wahrlich nicht als Brennpunkt des Interesses deutscher Medien: Redaktionell unterversorgt (vgl. Mükke 2009a) und seitens der Heimatredaktion wenig nachgefragt (vgl. Lönnendonker/Hahn 2008), quantitativ wenig beachtet (vgl. Kamps 1998) und inhaltlich auf Konflikt-Themen reduziert (vgl. Mükke 2009b: 110–113, allgemein Hafez 2002: 60–63) – so lässt sich das Bild Afrikas in deutschen Medien grob skizzieren (siehe auch den Beitrag von Markus Behmer in diesem Tagungsband).

Auf dieser Basis begann auch für Studierende am Dortmunder Institut für Journalistik während ihrer Einführung in die Auslandsberichterstattung im Sommersemester 2013 die Beschäftigung mit dem Schwerpunkt Afrika. Das Seminar umfasste neben einem Überblick über unterschiedliche Aspekte der Auslandsberichterstattung aus wissenschaftlicher wie aus praktischer Perspektive auch einen empirischen Teil, in dem die Studierenden einen ausgewählten Bereich der Auslandsberichterstattung unter die Lupe nahmen: Die Afrikaberichterstattung deutscher Zeitungen im Frühjahr 2013.

Mit der naturgemäß in vergleichsweise kleinem Umfang angelegten Studie verfolgten die Teilnehmer neben einer aktuellen Bestandsaufnahme auch das Ziel, den Blick zu weiten auf Zeitungen, deren Afrikaberichterstattung bisher nicht oder wenig untersucht wurde. So wurden neben *FAZ* und *Süddeutscher Zeitung* auch die *Frankfurter Rundschau*, die *Welt*, die *taz*, die *WAZ* und die *Bild* einbezogen, um zum einen ein breites Spektrum politischer und weltanschaulicher Ausrichtungen bei den überregionalen Qualitätszeitungen abzudecken und zum anderen auch die wichtigste Boulevardzeitung sowie einen bedeutenden Vertreter der regionalen Abonnementzeitungen in den Blick zu nehmen.

Untersuchungszeitraum war die in die Vorlesungszeit fallende Zeitspanne vom 24. April bis zum 21. Mai 2013. In diesem Zeitraum wurden alle Artikel aufgegriffen, die durch Überschrift, Dach- oder Unterzeile, Spitzmarke, Lead, mindestens eine Bildunterschrift und/oder Zwischenüberschrift einen Afrikabezug aufwiesen. Der Zeitraum enthält kein überragendes afrikabezogenes Nachrichtenereignis, allerdings war zu erwarten, dass Mali nach dem französischen Militäreinsatz zu Anfang des Jahres noch eine herausgehobene Rolle spielen würde: In den Untersuchungszeitraum fallen die Geberkonferenz in Brüssel sowie die Beschlüsse zu einer UN-Mission im Sicherheitsrat.

Aus dem Grundlagenteil der Lehrveranstaltung entwickelten Seminarleitung und Teilnehmer die zentralen Fragen, die für den gewählten Zeitraum geklärt werden sollten: Welche Rolle spielen Afrika und afrikanische Länder in der Berichterstattung? Welche Themen werden abgedeckt? Welche Länder und Akteure dominieren?

Die insgesamt 49 beteiligten Studierenden bearbeiteten die unterschiedlichen Medien und Teilzeiträume in Arbeitsgruppen mithilfe eines einheitlichen Codebuchs. Die Ergebnisse der Arbeitsgruppen konnten so von der Seminarleitung zusammengeführt und zum vorliegenden Gesamtresultat aufbereitet werden.

Allgemeine Ergebnisse

Insgesamt identifizierte die Gruppe 211 Beiträge mit Afrikabezug in allen sieben Zeitungen. Die nach der Zahl der Beiträge deutlich umfangreichste Afrikaberichterstattung lieferten die *FAZ* mit 53 und die *taz* mit 47 Artikeln (siehe Abb. 1) – bei vier Wochen entspricht dies durchschnittlich gut zwei Artikeln pro Ausgabe. Die wenigsten Artikel mit Afrikabezug erschienen in der *WAZ* (13), hier wurde im Schnitt nur in etwa jeder zweiten Ausgabe ein afrikanisches Land oder der Kontinent als Ganzes thematisiert.

Die Verteilung der Beiträge auf die vier Untersuchungswochen war je nach Medium sehr unterschiedlich. Während etwa die *Süddeutsche Zeitung* konstant sechs oder sieben Artikel mit Afrikabezug in einer Woche veröffentlichte, schwankte der Wert bei der *Bild-Zeitung* zwischen 1 und 12. Leser von *Bild* und *WAZ* fanden in jeweils zwei Untersuchungswochen nur einen einzigen Artikel mit Afrikabezug vor, in der *FAZ* dagegen waren es nie unter 11 und in der *taz* nie unter 10.

Platzierung, Layout, Darstellungsformen: Zweite Reihe

Die Afrikaberichterstattung hat in vielen untersuchten Zeitungen ihren festen Platz auf den hinteren Seiten des ersten Buches, ein Großteil der Artikel erscheint im

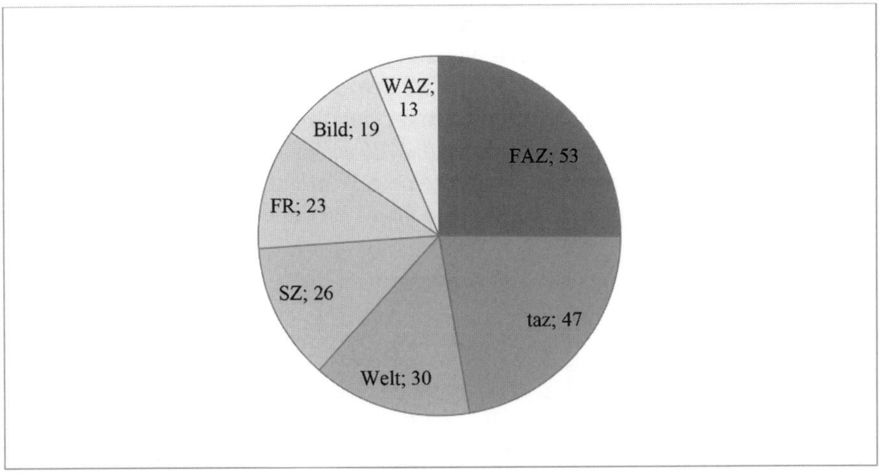

Abbildung 1: Zahl der Beiträge mit Afrikabezug nach untersuchten Medien (n = 211)
Quelle: eigene Darstellung

Bereich der Seiten 5 bis 10. Abbildung 2 gibt Aufschluss über die Platzierung Afrikas in den unterschiedlichen Zeitungen.

Ein Thema für die Titelseite ist Afrika bei den meisten Zeitungen nicht: *FR*, *SZ* und *Welt* hoben kein Afrikathema auf Seite 1, in der *WAZ* und der *taz* erschien je ein Artikel auf der Titelseite (von 13 bzw. von 47), bei der *FAZ* waren es drei von 53. Eine Ausnahme stellt die *Bild-Zeitung* dar. Hier erschien mit neun von 19 Artikeln fast jeder zweite Artikel zu Afrika auf der Titelseite.

Die thematische Heimat der Afrikaberichterstattung war erwartungsgemäß in den meisten Zeitungen das Politik-Ressort. Bei der *FAZ* fällt ein kleiner zusätzlicher Schwerpunkt im Ressort Wirtschaft auf, in dem 13 Prozent der *FAZ*-Artikel erschienen sind. Sonderfall ist wieder die *Bild*, die keinen Artikel in der Politik verortete, aber Afrika neben der Titelseite vor allem im Ressort Panorama behandelte.

Bei der optischen Gestaltung spielen Artikel zu Afrika eine untergeordnete Rolle. 53 Prozent aller untersuchten Artikel sind Einspalter, sie machen bei allen Zeitungen, außer *FAZ* und *SZ*, mehr als die Hälfte der Berichterstattung aus. Auch Bildelemente sind ein wichtiges redaktionelles Werkzeug zur Hervorhebung von Artikeln. In allen untersuchten Zeitungen wurde allerdings nur weniger als der Hälfte der Artikel mit Afrikabezug ein Bildelement beigestellt. Die *Welt* verwendet sogar bei 80 Prozent der untersuchten Beiträge kein Bild. Erwartbar stärkeren Wert auf Bildelemente legt die *Bild*. Auch hier bestehen zwar 68 Prozent der Artikel nur aus Text, jedoch weisen 26 Prozent gleich mehrere Bilder auf.

Nachrichtliche Darstellungsformen dominierten die untersuchte Berichterstattung: 78 Prozent der Artikel waren Meldungen oder Berichte, auch Reportagen und Porträts spielten eine gewisse Rolle (12 Prozent aller Beiträge), kamen allerdings bei der *WAZ* nicht vor. Meinungsartikel sind mit vier Prozent aller Beiträge die Ausnahme und nur in *FAZ, FR, SZ* und *WAZ* zu finden. In der *FAZ* und der *taz* erschienen je zwei und in der *Süddeutschen* ein Wortlaut-Interview – damit spielt diese Darstellungsform praktische keine Rolle (2 Prozent aller Artikel).

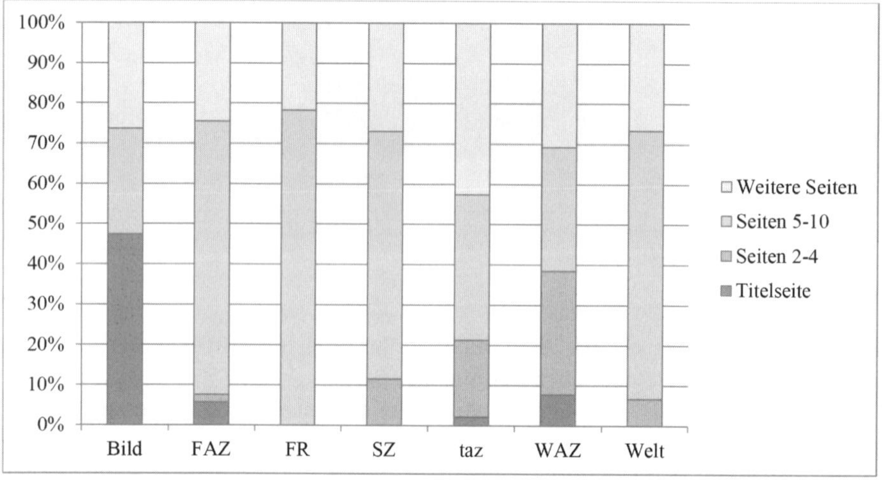

Abbildung 2: Platzierung der untersuchten Artikel im Blatt nach Seitenzahlen (n = 211)
Quelle: eigene Darstellung

Themen der Afrikaberichterstattung: K-Themen, Politik, Human Interest

Der Fokus auf „K-Berichterstattung" oder „4K" (für Krieg, Krise, Katastrophe und Krankheit) ist häufig Gegenstand von Kritik an der Auslands- und speziell auch der Afrikaberichterstattung. Die vier genannten K-Themen bildeten das Hauptthema in 37 Prozent der untersuchten Artikel, weitere zehn Prozent befassen sich mit Kriminalität und damit mit einem ebenfalls deutlich negativen Aspekt – zusammengenommen machen diese „5K" also mit 47 Prozent knapp die Hälfte der Artikel aus. Abbildung 3 zeigt ein starkes Übergewicht des Themengebiets Krieg gegenüber den anderen „K-Themen": Katastrophen (2 Prozent) und Krankheiten (1 Prozent) stellen jedenfalls im hier untersuchten Zeitraum nur einen sehr kleinen Anteil. Weitere häufige Themen waren Politik, Human Interest, Gesellschaft und Wirtschaft.

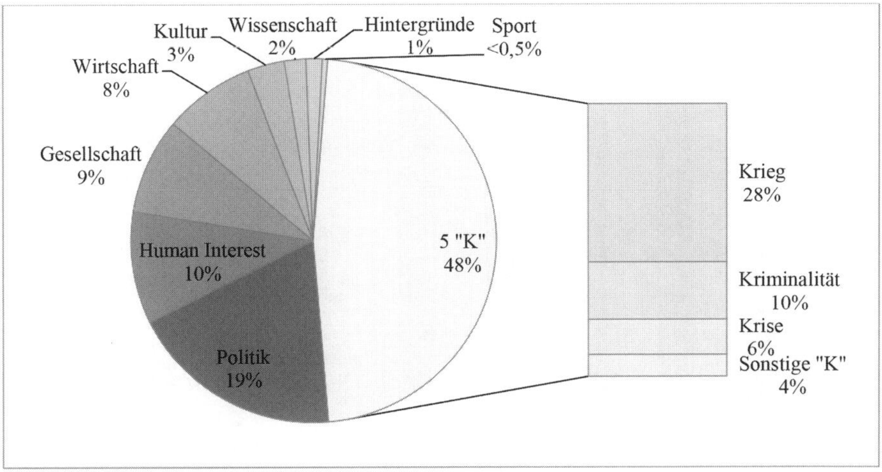

Abbildung 3: Hauptthemen (n = 211)
Quelle: Eigene Darstellung

Allerdings unterscheiden sich die untersuchten Zeitungen zum Teil deutlich in ihren Themenschwerpunkten (siehe Abb. 4). 5K-Themen stellen einen Anteil zwischen etwa einem Drittel (*Süddeutsche Zeitung*) und zwei Dritteln (*taz*). Das zweithäufigste Themengebiet ist bei allen überregionalen Abonnementzeitungen die Politik, während bei der *WAZ* und vor allem bei der *Bild* Human Interest-Themen stark vertreten sind. Im Falle der *Bild* befasst sich über ein Drittel der Artikel mit diesem Themengebiet; besonders zu erwähnen – und ein Grund, die Ergebnisse zur *Bild* mit besonderer Vorsicht zu betrachten – ist hier die teils prominent platzierte Berichterstattung über die *RTL*-Reality Show „Wild Girls – Auf High Heels durch Afrika“, welche während unseres Erhebungszeitraums in Namibia produziert wurde.

Die *WAZ* veröffentlichte im Untersuchungszeitraum als einzige Zeitung keinen Artikel, der sich hauptsächlich mit einem afrikanischen Politik-Thema befasst. Insgesamt entfallen auf die drei Komplexe „5K“, Politik und Human Interest bei allen Zeitungen über 60 Prozent der Themen.

Bei den weniger häufigen Themengebieten fallen die relativ hohen Werte für Wirtschaft bei der *FAZ* sowie für Gesellschaftsthemen bei *taz* und *Welt* auf. Kultur, Wissenschaft, Sport und auch Artikel, die sich dezidiert mit historischen, ethnischen oder landeskundlichen Hintergründen befassen, spielen nur eine ausgesprochen geringe Rolle.

Zusätzlich zu den Hauptthemen wurden auch Nebenthemen untersucht, die in den Artikeln zusätzlich behandelt wurden. Hier entfallen nur 35 Prozent auf die

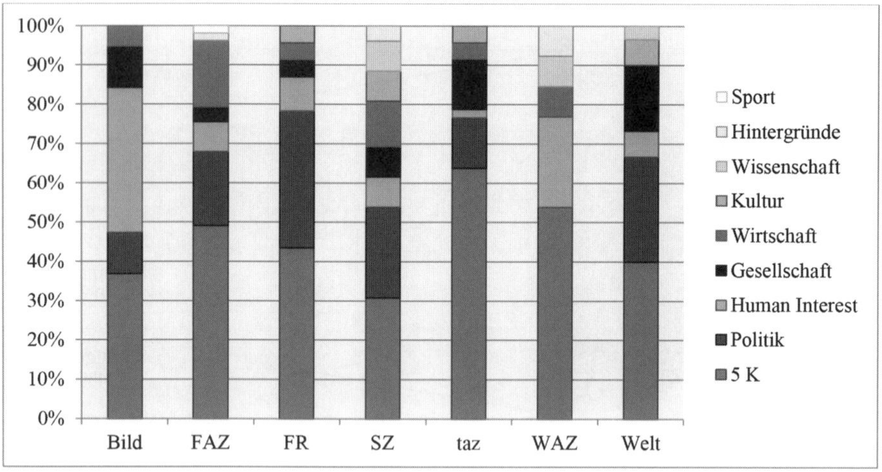

Abbildung 4: Hauptthemen nach Zeitungen (n = 211)
Quelle: Eigene Darstellung

5K-Themen und nur 1,7 Prozent auf Human Interest – möglicherweise gehen die Redaktionen davon aus, dass „5K"- und besonders auch Human-Interest-Themen vor allem dann „ziehen", wenn sie schon Titel und Artikeleinstieg (und oftmals Bild/Bilder) bestimmen.

Stärker vertreten sind demnach bei den Nebenthemen Politik (21,5 Prozent), Gesellschaft (18,6 Prozent), Wirtschaft und Hintergründe (je 8,5 Prozent) sowie Kultur (5,6 Prozent).

Länderbezüge: Vier Staaten im Fokus

Im Untersuchungszeitraum standen einige wenige afrikanische Länder stark im Fokus der Berichterstattung, während über eine große Mehrzahl nicht oder nur sehr wenig berichtet wurde. Auch hier wurde wieder unterschieden, ob ein Land der zentrale geographische Bezug eines Artikels war oder nur am Rande vorkam. Über die Hälfte der Hauptbezüge entfiel dabei auf Mali (in 31 Artikeln), Ägypten (28), Südafrika (21) und Nigeria (19). Afrika als Ganzes stand ebenso wie Libyen und Somalia im Mittelpunkt von 11 Artikeln. 23 Staaten stellten in keinem Artikel den Hauptbezug, weitere zehn in nur jeweils einem.

Rechnet man sowohl Haupt- als auch Nebenbezüge ein, verbleiben immer noch elf afrikanische Staaten, die in keiner der sieben Zeitungen innerhalb des Untersuchungszeitraums auch nur am Rande Erwähnung fanden. Das betrifft die Inselstaaten Kapverden, Komoren, São Tomé e Príncipe und Mauritius, aber auch zum Teil große oder wirtschaftlich durchaus bedeutende Flächenstaaten auf dem Kontinent: Benin, die Elfenbeinküste, Gabun, Gambia, Sambia, Swasiland und Togo.

Eine bedeutende Rolle spielen auch einige Staaten außerhalb Afrikas – allen voran Deutschland, aber auch Frankreich und die Vereinigten Staaten (siehe Abb. 5). Während bei Deutschland die Domestizierung von Auslandsnachrichten eine Rolle spielen dürfte, ist die große Zahl an Frankreichbezügen im Zusammenhang mit der starken Berichterstattung über Mali zu sehen.

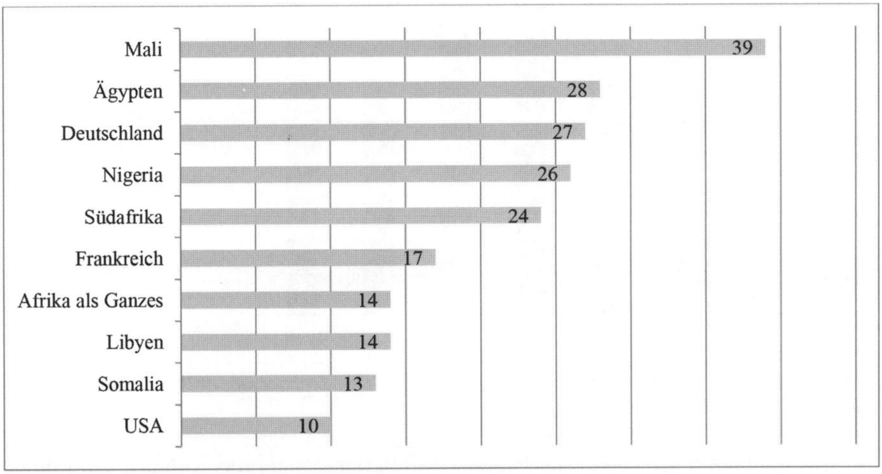

Abbildung 5: Häufigste Länderbezüge (Haupt- und Nebenbezüge)
Quelle: Eigene Darstellung

Bei den bisherigen Ausführungen zu Länderbezügen ist natürlich zu beachten, dass sich die Ergebnisse auf alle sieben untersuchten Zeitungen beziehen, die meisten Leser jedoch nur eine oder höchstens zwei Zeitungen lesen. Betrachtet man Haupt- und Nebenbezüge gemeinsam, vermittelt die *FAZ* das insgesamt breiteste Bild mit Verweisen zu 25 afrikanischen Staaten. Leser der *WAZ* stießen im Untersuchungszeitraum nur auf Länderbezüge zu neun afrikanischen Ländern.

Akteure: Afrikanische Politiker – und dann lange nichts

71 Prozent aller vorkommenden Akteure sind Afrikaner; deutsche Akteure (11 Prozent), Akteure anderer Staaten (zusammen 10 Prozent) und internationaler Organisationen (8 Prozent) kommen nur relativ selten vor. Abbildung 6 zeigt allerdings zum Teil deutliche Unterschiede zwischen den untersuchten Zeitungen: Während bei *FAZ*, *SZ* und *taz* zu über 75 Prozent afrikanische Akteure vorkommen und Deutsche nur eine geringe Rolle spielen, beschreibt die *Bild* ebenso häu-

fig Handlungen deutscher wie afrikanischer Akteure – auch hier spielt wieder die „Wild Girls"-Berichterstattung eine Rolle. Die *Bild* ist außerdem die einzige Zeitung, in deren Afrikaberichterstattung – außer durch internationale Organisationen – kein einziger Akteur vorkommt, der nicht Afrikaner oder Deutscher ist.

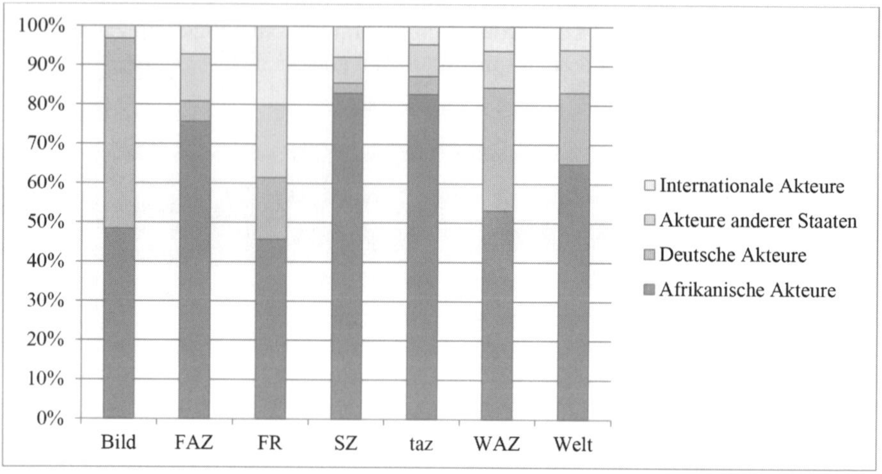

Abbildung 6: Anteil verschiedener Akteursgruppen an der Berichterstattung nach nationaler Zuordnung. Quelle: Eigene Darstellung

Ein genauerer Blick auf die Eigenschaften der genannten Akteure zeigt einen deutlichen Fokus auf afrikanische Politiker (siehe Abb. 7), gefolgt von afrikanischen Angehörigen gesellschaftlicher Eliten (gemeint sind etwa Unternehmer, Künstler, Wissenschaftler) und afrikanischen Behörden. Auch afrikanische Normalbürger kommen relativ häufig vor. Afrikanische Verbände, Vereine und Gewerkschaften sind dagegen deutlich seltener Gegenstand der Berichterstattung. Bei den deutschen Akteuren bleiben Politiker gegenüber gesellschaftlichen Akteuren und Behörden im Hintergrund.

Fazit

Auch ohne den Vergleich zur Gesamtberichterstattung der untersuchten Zeitungen wird klar, dass Afrika insgesamt eine untergeordnete Rolle spielt. Im besten Fall erscheinen durchschnittlich zwei Artikel mit Afrikabezug pro Tag – im schlechtesten weit weniger als einer. Platzierung, Bebilderung und Satz belegen ebenfalls deutlich den geringen Stellenwert der Afrikaberichterstattung in deutschen Medien. Abweichungen im Falle der *Bild* sind insbesondere mit dem schon erwähnten „Wild-Girls"-Effekt zu erklären.

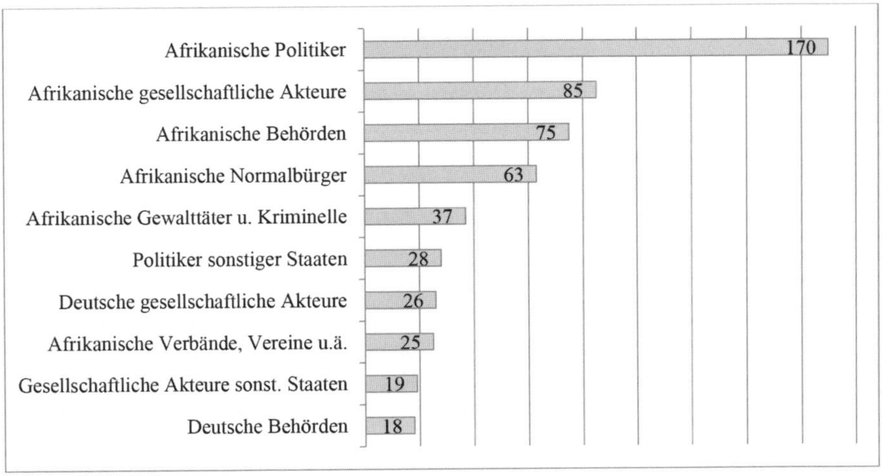

Abbildung 7: Häufigste Akteursgruppen.
Quelle: Eigene Darstellung

Die vorhandene Berichterstattung ist stark auf wenige Staaten fokussiert: Die vier Länder Mali, Ägypten, Südafrika und Nigeria werden ebenso oft thematisiert wie alle übrigen afrikanischen Staaten zusammen. Mit Libyen, Tunesien und Algerien sowie dem Tschad finden sich im Norden noch eine Reihe weiterer Staaten, die durchschnittlich wenigstens einmal pro Woche in einer der Zeitungen thematisiert wurden. Einen „blinden Fleck“ stellt die Westküste von Mauretanien bis Benin dar – von den elf Küstenstaaten und Burkina Faso in dieser Region war nur Guinea-Bissau geographischer Hauptbezug eines einzigen Artikels.

Auch die für Auslandsberichterstattung allgemein häufig beschriebene Politik- und Elitenzentrierung wird deutlich: Afrikanische Politiker dominieren, neben gesellschaftlichen Akteuren und Behörden kommen Normalbürger allerdings noch relativ oft vor. Nichtafrikanische – auch deutsche – Akteure spielen dagegen kaum eine Rolle.

Die hier zu „5 K“ zusammengefassten Bereiche Krieg, Krise, Katastrophe, Krankheit und Kriminalität machen 48 Prozent der Hauptthemen aus. Krieg ist das insgesamt häufigste Thema, und die „klassischen“ vier Krisen-Themen Krieg, Krise, Krankheit und Katastrophe stellen zusammen 38 Prozent aller Hauptthemen dar – in beiden Punkten gelangen wir zu ähnlichen Ergebnisse wie die breit angelegte, auf Subsahara-Afrika bezogene Studie von Lutz Mükke (vgl. 2009: 110–112). Zum Begriff der K-Berichterstattung ist allerdings festzuhalten, dass im hier untersuchten Zeitraum Krankheiten und Katastrophen allein kein besonderes Gewicht zukommt und Kriminalität noch häufiger thematisiert wurde als Krisen.

Literatur

Hafez, Kai (2002): *Die politische Dimension der Auslandsberichterstattung. Band 1: Theoretische Grundlagen*. Baden-Baden: Nomos.

Kamps, Klaus (1998): Nachrichtengeographie. Themen, Strukturen, Darstellung: ein Vergleich. In: Kamps, Klaus/Meckel, Miriam (Hrsg.): *Fernsehnachrichten. Prozesse, Strukturen, Funktionen.* Opladen/Wiesbaden: Westdeutscher Verlag: 275–294.

Lönnendonker, Julia/Hahn, Oliver (2008): Der Einfluss von Nachrichtenplätzen und Berichterstattungsgebieten auf die Arbeit von Auslandskorrespondenten. In: Hahn, Oliver/Lönnendonker, Julia/Schröder, Roland (Hrsg.): *Deutsche Auslandskorrespondenten. Ein Handbuch.* Konstanz: UVK: 496–513.

Mükke, Lutz (2009a): Allein auf weiter Flur: Korrespondenten in Afrika. In: Aus Politik und Zeitgeschichte 34–35/2009, S. 39–45

Mükke, Lutz (2009b): *Journalisten der Finsternis. Akteure, Strukturen, Potenziale deutscher Afrika-Berichterstattung*. Köln: Herbert von Halem

The image of Africa in the West from an African perspective – and how the West is being portrayed in the African media landscape

Abdualli Awudu

Introduction

I have been reflecting on the topic since I was asked to give this talk and in my preparations I kept saying to myself, this is a tired topic, this has been overdone, and there is nothing fresh about this. Then I was hit by the second half of the subject, "how is the West being portrayed in the African Media Landscape?" Now, that is a new bone to chew on, a question that is not often asked. A problem, when analyzed thoroughly, will get to the very core of the inherent challenges faced by the media on the continent. The challenges that in my opinion have a great impact on the first part of the statement above: "The Image of Africa in the West from an African perspective".

Now let me not get ahead of myself. I am in the presence of intellectuals, so let me do the right things first and contextualize this conversation we are going to have.

- I am not an academic, just a practitioner, who has been in the media industry over the past two decades in various capacities. So I will be looking at this through the eyes of an industry player.
- Before I am criticized of behaving like the Western media in the generalization of Africa, let us remind ourselves that Africa is not one homogeneous country, but a number of states and people that are varied and different. My examples may be more relevant in my home country Ghana.
- My criticism of the Western media should not be taken to mean that I am advocating a whitewash of African stories, and that I want journalists to throw out their principles in order to portray the continent in a good light. I just want journalists to go back to the basics: objective reportage.

Ex Africa semper aliquid novi [Always something new out of Africa]

The statement above by the author Pliny the Elder encapsulates the relationship the West has had with Africa for centuries. According to the National Geographic News, the Greek word that means new has a different connotation: For the ancient Greeks and Romans, the word 'new' tended to have negative connotations, associated with something strange or undesirable.

These ideas persisted through the ages and are captured in several European writings. Let me share an example of one of the best sellers in 13th century Europe that reinforces Pliny the Elders ideas and gives a hint of the sweeping generalizations in the coverage of Africa till today. According to "The Travels of Sir John Mandeville", a book account of the supposed travels of an English Knight:

"(...) the whole of Africa is Mauritania, and folk of that country be called Moors, still others have a foot so large it shadoweth the body against the sun; in the southern parts one finds people with no heads, their eyes be in their shoulders". (cited in Chavis 1998)

This book acquired extraordinary popularity from when it begun circulating between 1357 and 1371 and it was translated into many European languages. In spite of the extremely unreliable and often fantastical nature of the travels it describes, it was used as a work of reference by none other than Christopher Columbus.

>From Pliny the elders' statement about a "barbaric" Africa, through the missionaries quest to liberate savages, Newsreels from conquering colonial power, popular fiction like Joseph Conrad's novel "Heart of Darkness", Children' stories like "Tarzan" and Hollywood movies, an image of Africa has taken shape over the centuries in the West.

The mass media since its inception tend to mirror the cultural stereotypes that have shaped a society's mind through its popular culture. So from the famines of Ethiopia and Somalia through the wars of Sudan, the genocides in Rwanda and the post election disturbances in Kenya and Zimbabwe, the news coming out of the West has mostly fallen into the categories of "a strange spectacle" or a place where "undesirable things take place." The outcome is an image of a continent that is perpetually in crisis, with no hope of advancing without the charitable aid, or at best, without assistance provided and managed by good willed non-African actors.

Even the *BBC*, who has a long history of covering Africa occasionally, stumbles. On 27th April 2010 *BBC* initiated a live debate on air during their program "Africa Have your Say". This was in response to criticism that a series of documentary films about Nigeria called "Welcome to Lagos" had focused on slum dwellers living on rubbish dumps on land and water. This was the question they asked. Are TV portrayals of your country accurate? What part of your country would you like to see reflected more in the Western media?

Fred Nwonwu, a Nigerian journalist's contributions to the debate was typical of a lot of the contributions.

"(...) I am a Nigerian journalist and can readily tell you that the BBC, like most Western media, has an overly negative view of Africa and seeks to portray Africa thus. I am yet to see a balanced report about Africa from the BBC, and I read African and world news on the BBC daily.
While I won't claim that BBC goes out of its way to report falsehood, since the events do actually happen, it is the style of reportage that gnaws at our sensibilities."

I completely agree with Fred. As an African, I hold the perspective that Africa is negatively covered in the Western media either by commission or omission.

Mitigating Factors

Political undertones

We believe in Africa that the past and current representation of the African continent, especially in the mass media, are manifestations of political agendas by players in the Western media, such as governments, power groups, and multinational corporations, whose interests are often one and the same. For example the "discourse" on hunger in Africa in the 1980's and 1990's and its causes, was interpreted as one of the signs of the Cold War between East and West. So the people of Ethiopia had been hit with this famine because their government had chosen the socialist path.

Another example is the sudden interest and increase in the coverage of Zimbabwe from the year 2000 after the government started aggressive land reforms that saw white farmers expelled from their farms. Prior to this Mugabe's oppression of political opponents the media were only carrying footnotes in international media coverage.

Enter China. The Chinese are in Africa and there are no indications they plan to leave soon. Resource-poor China needs raw materials, African governments want Chinese money. All the while as the Chinese battle the West for influence in Africa we see the beginnings of a media machine being rolled out. Currently the *Xinhua* news agency has over 23 bureaus in Africa.

In an article titled "Pursuing Soft Power, China Puts Stamp on Africa's News" by Andrew Jacobs, published in August 2012 in the *New York Times*, he notes: "Beijing's bid to provide a counterpoint to Western influence, however, is raising alarms among human rights activists, news media advocates and American officials, who cite a record of censorship that has earned China a reputation as one of the world's most restrictive countries for journalism" (Jacobs 2012).

He goes on to quote the then Secretary of State Hilary Clinton's warning to a Congressional committee about the growing influence of state-backed outlets like *Russia Today* and *CCTV*: "We are engaged in an information war, and we are losing that war" (ibid). Why wouldn't we believe that over the years the West's coverage of Africa has been tinged with agendas and political undertones? Africa has become a battle ground for conflicting agendas of the world's super powers and this will surely shape the way Africa will be covered in the western media.

The Ratings Game

It will be disingenuous for anyone who has worked in a newsroom or media organization to think that Africa's coverage in the Western media is only based on some kind of grand political agenda to keep us where we are. There are other factors that cannot be overlooked. No matter where a newsroom is situated in the world, the principles are the same. There is a constant question that needs to be answered by editors: "What is News?" The default position is to always fall back on another basic principle: "Dog bites man" is not news. "Man bites dog" – now, that is news. The sensational and the strange make news and from my perspective Africa is continuously covered from this angle.

This feeds into the ratings game, without ratings/circulation a media organization is dead, especially when its model is based on advertising revenue. So I have seen news packaged in the most sensational ways possible to continue to attract an audience that is believed to want to see disasters and calamities.

Local Spice

Then there is the problem of the covering of Africa with Western journalists who have not spent enough time in Africa to understand the socio-cultural, geo-political and historic context of the stories they are covering. At best, they might read a few reports from the internet, but this raises the question of credibility. The journalist hops into the "trouble" spot, spends most of the time in hotels and files a report that just provides superficial context to the ongoing "troubles". Most of the stories are laced with sweeping generalizations, innuendos of self-inflicted problems and one dimensional panacea to the troubles.

In recent times, there seems to be a shift from the over reliance on foreign journalists and correspondents covering Africa for the Western media. More and more African journalists have been co-opted by Western media houses to provide reportage on issues in their countries and regions. Ostensibly, this is to provide the local flavor and perspectives, but I know it is yet still an attempt at improving ratings in the respective countries. So now we see stories that emanate from our countries being told by people who sound like us and with some more contexts to the story. Yet the paternalistic tones of the reportage still persists, there has not been a significant paradigm shift, perhaps because of the contextual frame work within which the story is initiated, and the editor who shapes the angle of the story with the journalist, continue to be predominantly Western.

The use of local journalists also has its inherent problem with the way African countries are covered. There is a historical antagonism between the private media and Governments across the continent. In most African countries the private media had to fight battles with their governments for press liberalization. Those battles were bitter and in some cases journalists had to pay the ultimate price. Eventually the governments' iron grip on the media was broken and generally a great schism was created. The state media continued to do their masters bidding, while the private media played the watch dog role by doing everything within their control to make the governments unpopular.

So what do you think will happen if a journalist from the private press is given the opportunity to report on his country urged on by an editor who is looking for the "strange and undesirable"? Your guess is as good as mine. And make no mistake about it, a journalist, who does stories that are considered too "good", must certainly be the puppet of the government.

How Africa covers the West

This is almost an absurd question. Like the West carries limited coverage of Africa, there is very little coverage of the West in news bulletins in Africa. For a one hour news bulletin, most stations will dedicate between 3-10 minutes to stories coming out of the West. For most of them, the motive here is to just have a segment in their bulletins.

With the exception of a handful of media houses on the continent that have correspondents in the West, most media houses in Africa do not have the resources to even cover their own countries and regions well. Perhaps the state broadcasters do. On the occasions, that the media from Africa get to travel to the west on government sponsored trips or to cover sporting events, their coverage of the west perpetuates that shiny one dimensional image of the west. Our sources of foreign news in our newsrooms come from the international news wires *Reuters*, *AFP* and *Xinhua*. Other media houses have partnerships with *DW*, *BBC*, *Al Jazeera*, and *CNN* and in recent times *CCTV* from China. News, documentary and magazine content is borrowed from these partners and transmitted as it is with almost no commentary or analysis of the stories being carried. We carry the west as the west wants us to see them.

Of course, in some African countries there is censorship on news coming from the West and certain stories are completely blocked from audiences, while in other countries news from western media can only be carried delayed on free to air television. This censorship is usually more about controlling the access to news than about shaping audiences thoughts about the West. In Ghana, the images that come from the West tend to be very positive and perpetuate the cultural images of a highly developed and civilized nation that does not have any problems. We are there for the royal weddings and all the grand events. Usually with a sound bite of an African on the sidelines completely in awe of what is going on, but if we are lucky and the images that come from the Western media tend to show another side of the West we carry that story and hopefully we give a rounded coverage of the West. Africans then see that there are also hungry and homeless people in the West.

>From the above one can conclude that Africa does not cover the West and this to a large extent is due to budgetary constraints. We do not have the money or the resources in most organizations to put correspondents and journalists in Western countries to enable us cover the news from our perspective. This lack of resources also impacts the way we cover our individual countries and Africa as a whole. If we cannot cover Africa well: Why should the West do so? Therein lays our greatest challenge in impacting the way Africa is covered in the West.

So it is obvious that the current dialogue that we in Africa are having with the West will continue to be heavily tilted in their favour. They control our image, they control their image.

Changing Tides

Let me say that current trends signify the beginnings of a change in the tide. Perhaps because Africa is the "last frontier", more and more international news networks are designing programs for Africans and these programs tend to be more balanced in coverage and more diverse in subject matter.

So now you can see programs like "Focus on Africa" and "Africa Have your Say" on *BBC*, "African Voices" on *CNN*, *DWTV's* "African Stories", and *DW* radio's "Africa Link". In these programs, you see faces and hear voices that tell the stories within a clear socio-cultural context bringing meaning to the stories giving you a deeper understanding and focusing on stories that showcases an Africa that is familiar to African viewers. A continent like any other that has enormous challenges and enormous successes. We are not just seeing hungry children, warlords, brutal dictators and hopeless economies. We now hear the voices of entrepreneurs, honest leaders, young adults who are reaching for the stars and great minds who are contributing on the world stage.

Charity begins at Home

As we say in my part of the world, charity begins at home. What we mean when we say that is, if you want to see a change you better start with yourself. If we want to change the way Africa is covered in the west then we have to change the way we cover Africa in Africa. Journalists across the continent must begin a discourse and put into action the ideas that will emanate from this discourse.

So I will set this discussion in motion by offering my two cents on how we must shape the way Africa is covered in the Western media:

- Journalists in Africa must go back to the basis of their profession: objective reporting. A lot of African journalists need a radical change of mind because many independent media have a tendency to be anti-authority and anti-government. Don't get me wrong, I am not an apologist for government, but there needs to be a mind-shift within the African journalists. Our job is to tell the story and tell the story how it is. If the stories show the government in a bad or good light we must tell it. There are so many positive stories going on in Africa in business, entertainment, sports, development that if we remain objective and do not provide a one sided coverage of our countries I am confident that the coverage of the continent will be wholly positive. Remember that a lot of Western media houses, who do not have an active presence in Africa scour the local media to pick up stories on what is trending and of relevance to the continent. If our local reportage is balanced and well rounded then we can set of a domino effect and hopefully receive balanced reportage from these western media organizations.
- More collaboration within regional news houses should be fostered; there should be exchange in news between countries. There is hardly any collaboration amongst African houses – it is as if after all these years of independence we still find it difficult to mentally cross the imaginary lines that separate us. I personally have spent over a year trying to collaborate with one of the strong news television stations in Nigeria. It is slowly grinding on and I believe someday this collaboration will finally materialize. As media organizations seek individual partnerships across the continent, my proposition is that a regional or continental clearing house for news be set up by private media organizations to share stories. Already various African media houses are producing hours and hours of content about their countries and these stories just end up sitting in archives. On the other hand, if I want a story about what is going on in a neighboring country, I end up relying on images and stories coming out of the international news wires. Imagine how the coverage of Africa on the continent will be greatly

improved, if media houses around the continent can access stories from Africa told by Africans. The operational word here is *share*, because it is a fact that due to shoe string budgets most stations and media organizations will not access such content if they have to pay for it.
- I think another way how African journalists can impact the coverage of Africa is the use of new media. The internet has made the world a smaller place – it is less expensive, stories can be online and people can access this from all over the world. You can use social media to tell the positive stories so that the European media can access these stories, they can follow up and use them. Again, journalists can broadcast via new media and use social media tools to reach a younger target that have not yet been corrupted by cultural stereotypes.

So to wrap up my proposition let me restate my idea. If a new African journalism is born, a journalism that covers his country with the sensitivity and understanding that is required and that journalism produces stories that are rounded and multi-faceted, the first step of the journey to redefining our image has begun. If western media use these local journalists or journalists with a deep knowledge of the socio-cultural dynamics of the regions they cover, then for sure this journey we have began will surely end well. As we part company, I leave you with a simple question which may not need an answer.

The Question is: Is it true that until the lion learns to tell the hunting story, the hunter will always be the hero in the stories? It is not about what the Western media writes about us, it is about what we write about ourselves.

References

Chavis, Rod (1998): Africa in the Western Media. Paper presented at the Sixth Annual African Studies Consortium Workshop, October 2. http://www.africa.upenn.edu/Workshop/chavis98.html Accessed: December 2013.

Jacobs, Andrew (2012): Pursuing Soft Power, China Puts Stamp on Africa's News. In: *The New York Times*, 16 August 2012. http://www.nytimes.com/2012/08/17/world/africa/chinas-news-media-make-inroads-in-africa.html?_r=0 Accessed: December 2013.

Panels – Vorträge und Diskussion zur Afrikaberichterstattung

Panel 1:
Afrikanische Themen in den Medien

Zwischen Wellblechhütten und Wolkenkratzern – Afrika, ein Kontinent im Umbruch

Birgit Virnich

Einleitung

Aus Afrika kommen widersprüchliche Meldungen: In Zentralafrika wüten Unruhen, in Mali schwelen die Kämpfe gegen Islamisten, während in den neuen Ölstaaten ein gewaltiger Investitionsboom herrscht. Afrika hat es schwer, seinem öffentlichen Zerrbild zu entweichen, das den Kontinent vor allem in Armut, Konflikt und Entwicklungshilfe zeichnet. Wie werden wir Journalisten dem Kontinent in seiner Komplexität und mit seinen Kontrasten gerecht?

Der häufigste Vorwurf: Die Massenmedien berichten einseitig und viel zu oft über Kriege und Hungersnöte – die dunkle Seite des Kontinents. Das gleiche Problem haben wir im Falle Chinas erlebt. Lange beschränkte sich die Berichterstattung nur auf die Menschenrechtsverfehlungen. Der wirtschaftliche Boom, die Armutsbekämpfung kamen so gut wie nicht vor. Chinesische Journalisten, die hier im Exil leben, haben ebenfalls Veranstaltungen organisiert, um auf andere Aspekte hinzuweisen.

Sicherlich entsteht über die Kriegsberichterstattung ein Zerrbild von Afrika. So werden wir dem Kontinent mit all seinen Facetten nicht gerecht. Doch wenn ich von meiner eigenen Arbeit ausgehe – ich war *ARD*-Afrikakorrespondentin von 2002 bis 2008 und habe seither immer wieder über Afrika berichtet und dort gedreht – dann halte ich eine Berichterstattung über einige der Kriege und die einhergehenden Menschenrechtsverletzungen für sinnvoll und wichtig.

Die differenzierte Krisen- und Kriegsberichterstattung

Der Krieg in Liberia 2003

In meine Korrespondentenzeit fiel eine Reihe von Kriegen. Ich habe als Korrespondentin die letzten Tage des Taylor-Regimes und die Belagerung Monrovias miterlebt und darüber berichtet. Ich bin überzeugt, dass die massive Präsenz der Weltpresse ein Faktor war, der dazu beigetragen hat, dass Charles Taylor am Ende dieses 14 Jahre anhaltenden Krieges zurücktrat. Sicherlich war der Feldherr Taylor militärisch am Ende, doch der Druck der durch die massive Berichterstattung aufgebaut wurde, hat ihm in der Bevölkerung Liberias den letzten Rückhalt entzogen.

Internationale Presseorgane haben hier also eine wichtige Rolle gespielt. In Ländern, in denen keine Pressefreiheit herrscht, halte ich das für ausgesprochen wichtig – wichtig auch, nachhaltig zu berichten. Ich habe in den Folgejahren den Wiederaufbau Liberias unter der ersten Präsidentin Afrikas, Ellen Johnson-Sirleaf, mit der Kamera für die *ARD*-„Tagesthemen" und den *ARD*-„Weltspiegel" begleitet. In dem Zusammenhang habe ich über die Rolle der Frauen beim Wiederaufbau berichtet, indische Frauen als UN-Blauhelm-Soldatinnen mit der Kamera porträtiert und dann auch die Wiederwahl der ersten Präsidentin Afrikas begleitet.

Ostkongo – der anhaltende Dauerkonflikt

Ich habe es als meine Aufgabe als Afrikakorrespondentin angesehen, über den nicht enden wollenden Krieg im Ostkongo und die Menschenrechtsverletzungen und Massenvergewaltigungen zu berichten. In meinen Filmen habe ich über den Konflikt vornehmlich aus Sicht von Kongolesen berichtet. Meine Protagonisten waren die vergewaltigten Frauen oder die Mütter der jungen Mädchen, die von Rebellen oder Regierungssoldaten vergewaltigt wurden. Oder auch der kongolesische Arzt, der für einen Monatslohn von 250 US-Dollar diese Frauen operierte, obwohl er in einem Krankenhaus in Brüssel oder Paris ein Vielfaches hätte verdienen können. Denn – das ist mein Fazit – in jeder Krise habe ich afrikanische Helden gefunden, die den Widrigkeiten trotzen.

Die Wahlen in Kenia 2007

Als sich der kenianische Präsident Mwai Kibaki Anfang 2008 zum Wahlsieger erklärte, war es die Zivilgesellschaft, die maßgeblich zu einer Beruhigung der Unruhen beitrug. Anders, als in vielen Medien verbreitet, handelte es sich nicht um Stammesunruhen, sondern um einen Kampf um die politisch-wirtschaftliche Macht im Land, also einen eher modernen Konflikt. Zudem kamen durch die

Wahlen verhältnismäßig viele junge Abgeordnete ins Parlament, was ebenfalls kaum wahrgenommen wurde.

Wir Journalisten – Kenianer und auch westliche Auslandskorrespondenten – waren über den Wahlverlauf entsetzt. Wir machten uns Vorwürfe, ob wir die Probleme hätten voraussehen müssen. Die seriöse kenianische Presse hadert noch heute damit. Hat sie die Konflikte zwischen den Bevölkerungsgruppen angeheizt? Was hat sie getan, um die Gräben wieder zu schließen? Das sind Fragen, die die klugen Köpfe des Lands bis heute beschäftigen. Das sind Themen, die ich in meiner Berichterstattung sicherlich nur andeuten konnte.

Die personalisierte Berichterstattung: Afrikanische Protagonisten – Alltagshelden

Es war mir als Korrespondentin wichtig, Afrika und Afrikaner nicht als hilfsbedürftig und unselbstständig darzustellen. Wir bevormunden Afrika. Unser Verhältnis zu diesem Kontinent ist geschichtlich gesehen karitativ geprägt. Daher fußt unser Verhältnis zu Afrika bislang auch auf sogenannter „Entwicklungshilfe". „Dead Aid", wie Dambisa Moyo das in ihrem Buch über die desaströsen Auswirkungen von Entwicklungshilfe auf den Kontinent nennt. Wir Deutschen, aber auch der Westen an sich, sind in unserem Verhältnis zu Afrika sehr stark von der Idee der christlichen Nächstenliebe getragen. Das unterscheidet uns von anderen Nationen und trägt dazu bei, dass unser Verhältnis zu Afrika auf Entwicklungshilfe basiert, während vor allem China viel mehr auf die Wirtschaftschancen und den gemeinsamen Nutzen abhebt. Die deutsche Wirtschaft tut sich deshalb bis heute schwer, in Afrika zu investieren – ganz anders als etwa die Chinesen. Dazu gleich mehr.

Afrika – auf Augenhöhe. Das war in den sechs Jahren als Afrikakorrespondentin der *ARD* mein Ansatz. In meinen Filmen habe ich fast ausschließlich afrikanische Protagonisten gezeigt: Alltagshelden. Ich habe auf eine personalisierte Berichterstattung gesetzt. Das erklärt sich aus meinem persönlichen Werdegang. Ich habe in Kanada, Amerika und Großbritannien studiert und dadurch journalistisch-handwerklich einen eher angelsächsischen Zugang gelernt, den ich aber gerade in der Afrikaberichterstattung mit seinen vielen unterschiedlichen Kulturen für angebracht halte. Nur so begegnen wir Afrikanern auf Augenhöhe. Als Korrespondentin, die ich die Verantwortung für ein riesiges Berichtsgebiet über einen längeren Zeitraum hatte, wollte ich vor allem auch Afrikaner zu Wort kommen lassen, denen eine Stimme verleihen, die sonst nie zu Wort kommen.

Der Satz des Romanautors Henning Mankell „Wir wissen wie Afrika stirbt – zeigt uns wie Afrika lebt, (...) pulsiert" war für mich wie ein Auftrag.

Afrikanische Helden

Protagonisten aus Afrika ziehen sich wie ein roter Faden durch meine Berichterstattung in aktuellen Sendungen wie „Tagesthemen“, *ARD*-„Morgenmagazin“ und „Mittagsmagazin“, im *ARD*-„Weltspiegel“ und in der Reportage-Reihe *WDR*-„Weltweit“ oder in der *WDR*-„story“. Hier ein Querschnitt:

- „Mutter der Bäume“: Den Werdegang der Nobelpreisträgerin Wangari Mathaai habe ich über Jahre mit der Kamera begleitet. Sie hat bereits in den 1970er Jahren gegen die Zerstörung eines Parks in Nairobi demonstriert – zur selben Zeit als Petra Kelly mit den Grünen ins Parlament einzog.
- „Jean-Claude Kibala – ein Mann gibt nicht auf“: Im Kampf gegen Korruption im Ostkongo. Über den früheren Gouverneur von Südkivu habe ich tagesaktuelle Berichte und auch zwei längere Filme gemacht.
- „Von der Front an den Start“: Ein Film in der Sendereihe *WDR*-„Weltweit“ über die sportlichen Wettkämpfe ehemaliger Kindersoldaten 70 Kilometer von den Ölfeldern entfernt – nahe der Front im längsten Krieg Afrikas im Südsudan. Der Film zeigt den Kampf von Mary und Martin, zwei jungen Sudanesen, die sich durch ihre sportliche Leistung ein neues Leben aufbauen wollen: Ehre statt Gewehre.
- „Kenias neue Kleider“: Ein Film über die Designerszene Kenias. Junge kenianische Designer besinnen sich auf ihre Wurzeln, nutzen Alltagsstoffe und traditionelle Muster im Zusammenspiel mit modernen Schnitten.
- „Wut im Bauch – im Land der Unbeugsamen“: Ein „Weltspiegel“-Stück über einen Gewerkschafter und zwei Rapper, die als Teil der westafrikanischen Bewegung „Mouvement contre la vie chere“ in ihrem Land Burkina Faso gegen hohe Lebensmittelpreise und Importe aufbegehren. Sie berufen sich auf den afrikanischen Sozialisten Thomas Sankara, der sich schon in den 1980er Jahren für lokal produzierte Lebensmittel stark gemacht hatte, dann aber vom Militärregime umgebracht wurde.
- „Welcome to Liberia“: Ein ehemaliges Luxushotel wurde von den Kindermilizen belagert, während im Foyer der ehemalige Conférencier, der früher die Edelveranstaltungen auf der Dachterrasse moderiert hat, ein kleines Cafe aufbaute, in dem er sich während der Belagerung Monrovias um Kindersoldaten kümmerte.
- „Der Elefantenflüsterer“: Im Mittelpunkt dieses Films für die Sendereihe *WDR*-„Weltweit“ steht ein kenianischer Biologe, der es sich zur Aufgabe gemacht hat, Elefanten aus einem überfüllten Nationalpark an der Küste Kenias ins Landesinnerer umzusiedeln. Ein Mann, der einen klaren Plan für das *wildlife*-Management in seinem Land und ein Konzept entwickelt hat, das mittlerweile auch in Südafrika Schule macht.

- „Nase im Wind“: Ein Film über den senegalesischen Rapper Manu Diouf und seine Gruppe „BMG 44“. Beim Wahlkampf 2005 waren die etwa 2000 Rap-Bands und ihre Anhänger die einzige ernstzunehmende Opposition im Land. In seinen Liedern bringt Diouf den Frust einer ganzen Generation in den *Banlieues* zum Ausdruck.
- „Bleibt hier Radio – Radio Oxyjeune“: Lamine, ein junger senegalesischer Moderator macht Radiosendungen, in denen er junge Senegalesen, die sich in waghalsigen Meeresüberquerungen nach Europa aufmachen wollen, auffordert, im Senegal zu bleiben und politische Veränderungen herbeizuführen.
- „Mütter der Nation – Mütter gegen den Krieg in Cote d‘Ivoire“: Die Mütter der Nationalfußballer der Elfenbeinküste setzen sich für Frieden und Kriegswaisen ein.
- „Mary, die Starke“: Eine 13-jährige Aids-Waise, die sich wie eine Mutter um ihre Geschwister kümmert und dabei selbst eigentlich Trost braucht.
- „Stützen der Gesellschaft“: Zehn Jahre nach dem Völkermord in Ruanda habe ich einen halbstündigen Film über Politikerinnen gemacht, die die Verfassung und die Wirtschaft Ruandas positiv geprägt haben: Eine hat als Politikerin und ehemalige Freiheitskämpferin das Erbrecht in Ruanda geändert und dafür gesorgt, dass Frauen das Land ihrer Familien erben und übernehmen können, nachdem ihre Männer beim Völkermord umkamen. Die zweite Protagonistin hat im Völkermord fast ihre ganze Familie verloren und jahrelange Depressionen erlitten. Sie bringt nicht die Kraft auf, herauszufinden, wer in ihrem Heimatort ihre Familie umgebracht hat.

Die Sendeplätze

Die hier genannten Beiträge sind alles Stücke, die in der aktuellen Berichterstattung, aber vor allem auch als Hintergrundberichte in prominenten Sendungen wie dem *ARD*-„Weltspiegel“ oder auch in langen Reportagen bei *WDR*-„Weltweit“ gelaufen sind. Dort haben Korrespondenten die Chance, Geschichten von Menschen zu erzählen, die die größeren Zusammenhänge deutlich machen. Diese Geschichten entwickelt man als Korrespondentin in Zusammenarbeit mit kompetenten Ansprechpartnern in den Redaktionen. Dafür braucht man Redakteure, die dabei helfen einzuschätzen, wie man die Zuschauer in Deutschland am besten abholt.

Afrika ist im Umbruch

Allein in den sechs Jahren, in denen ich in Nairobi lebte, haben sich Handys und Internet rasend schnell verbreitet. Mittlerweile ist vor allem in Kenia eine Mittelklasse herangewachsen. Auch darüber berichten wir im „Weltspiegel“ und auch in den „Tagesthemen". Als ich Ende 2008 wieder in die Auslandsredaktion des *WDR* zurückkehrte, konzipierten wir dort zusammen mit dem früheren Studioleiter Werner Zeppenfeld eine zehnteilige Dokumentationsreihe über Afrika rund um die Fußball-Weltmeisterschaft 2010, an der fünf *ARD*-Sender partizipierten.

Afrika im Ersten

Zehn große *ARD*-Dokumentationen führten den Zuschauer ab Ostern 2010 zur Fußball-WM. Darunter waren Beiträge mit Titeln wie „Ins heiße Herz Afrikas", „Global Players", „Der afrikanische Patient", „Umzug Flughafen Durban", „Sturzflug ins Paradies", „Good morning Africa" und „Reise durch das Regenbogenland".

Als 2010 zum ersten Mal eine Fußballweltmeisterschaft in Afrika stattfand, war das nicht nur ein sportliches Großereignis. Der ganze Kontinent erhoffte sich von diesem Event der Superlative einen globalen Imagegewinn. Bilder von einer aufstrebenden Region mit riesigem wirtschaftlichem Potenzial und nahezu grenzenlosen natürlichen Reichtürmen sollten die gängigen Klischees von Hunger, Krieg und Seuchen verdrängen.

Die *ARD* nahm die Fußballweltmeisterschaft zum Anlass, mit großen Dokumentationen ein ebenso differenziertes wie spannendes Bild von Afrika zu zeichnen. So verfolgten verschiedene Reportagen und Langzeitbeobachtungen das Bemühen der südafrikanischen Gastgeber, aus eigener Kraft einen sicheren und perfekt organisierten Rahmen für die WM zu gewährleisten – ohne sich dabei von außen helfen oder gar bevormunden zu lassen.

Dieses neue Selbstvertrauen fanden die Reporter auch in anderen afrikanischen Ländern – oft verbunden mit deutlicher Kritik an Europa und den USA. Auch Anlass für die *ARD*, eine schonungslose Bilanz von 50 Jahren westlicher Entwicklungshilfe zu ziehen und zugleich dem wachsenden chinesischen Einfluss in Afrika nachzugehen. Wie wenig sich Afrika auf gängige Klischees reduzieren lässt, zeigten verschiedene Reportagen. Sie erzählen vom Stolz und Überlebensmut der Menschen – und von der Sehnsucht auf ein besseres Leben, das nicht länger von Krieg, Ausbeutung und Korruption geprägt ist.

„Ins heiße Herz Afrikas – Entdeckungsreise auf dem Niger (Teil 1 und 2)" – Reportage von Werner Zeppenfeld

Der Niger ist der drittgrößte Fluss Afrikas – er war seit den Zeiten von Ptolemäus auch der rätselhafteste. Bei dem Versuch, seinen Verlauf zu erkunden, ließen zahlreiche europäische Entdeckungsreisende ihr Leben, so der legendäre Mungo Park. Seiner tragischen Expedition folgt die zweiteilige Reisereportage des *ARD*-Afrikakorrespondenten Werner Zeppenfeld: Über 1500 Flusskilometer quer durch drei Sahel-Länder. Filmischer Startpunkt ist Sansanding im heutigen Mali, wo Park im Herbst 1805 mit seiner „H. M. S. Joliba“ aufbrach. Die Reise führt über Timbuktu und durch den Staat Niger bis nach Bussa im Norden Nigerias; an den dortigen Stromschnellen war der wagemutige Schotte Anfang 1806 unter ungeklärten Umständen gestorben.

Damals wie heute ist der Niger das grüne Ufer, welches der Wüste Einhalt gebietet. Seine wechselnden Wasserstände bestimmen immer noch den Lebensrhythmus der Menschen im heißen Herzen Afrikas. Er ist auch der mythenumwobene Fluss geblieben, dessen Kosmos aus Göttern und Geistern die (islamisierte) Kultur der Fischer und Flussnomaden prägt. Mit der schlanken Segelpinasse oder dem überladenen Passagierdampfer geht es vorbei an uralten Lehmstädten, malerischen Uferlandschaften und quirligen Märkten am großen westafrikanischen Fluss – immer mit dem Blick für den Lebensalltag der Menschen: Der Hirten und Händler, der Fischer und Musiker. Die liefern zur filmischen Entdeckungsreise auch die passende „Wassermusik.“ Unter diesem Titel hat der amerikanische Autor T. C. Boyle dem glücklosen Mungo Park posthum auch zu literarischer Berühmtheit verholfen.

„Der Afrikanische Patient – Wunderheiler China?“ – Ein Film von Birgit Virnich

Noch nie stand das Entwicklungshilfesystem so in der Kritik. Die einen wollen immer mehr Geld geben, die anderen wollen die Entwicklungshilfe ganz abschaffen. Zu ineffizient, zu bürokratisch, zu teuer. Deutschland sei kein Weltsozialamt, so der damals neue deutsche Entwicklungsminister Dirk Nebel auf seiner ersten Afrikareise. Die Hilfsindustrie lief Sturm. Was ist schief gelaufen in 50 Jahren Entwicklungshilfe? Warum haben die Entwicklungshilfe-Milliarden der letzten Jahrzehnte so wenig nachhaltiges Wirtschaftswachstum gebracht? Alljährlich versickern viele Milliarden Euro spurlos. Der kenianische Wirtschaftswissenschaftler James Shikwati macht die Entwicklungshilfe mitverantwortlich für die Bettelmentalität und fehlende Eigeninitiative mancher Afrikaner. Profiteure des Systems seien letztlich Despoten und eine heuchlerische Hilfsindustrie. Er glaubt, dass Afrika nur aus eigener Kraft sein Armutsproblem lösen könne – oder aber mit Hilfe der Chinesen, die Afrikas marode Infrastruktur entwickeln.

Eine Straße von Kairo nach Kapstadt: Das war der größte Traum der britischen Kolonialherren. Jahrzehnte später scheint die Supermacht von morgen, China, diesen Menschheitstraum in die Realität umzusetzen. Anders als der Westen stellt China seine Hilfe größtenteils in Form schlüsselfertiger Projekte zur Verfügung.

„Ich habe mein ganzes Leben auf die schwarze Teerstraße gewartet“, sagt einer der alten Samburu-Nomaden. Vor allem die jüngeren Hirten versprechen sich von der Straße, die chinesische Ingenieure und afrikanische Bauarbeiter mitten durch die Halbwüste im Nordwesten Kenias bauen, einen Aufschwung der gesamten Region. Handel statt Hilfe, das fordern auch kenianische LKW-Fahrer, die sich nur mühsam über die schlechten Pisten quälen. Hilfsgelder landeten sowieso in den Taschen der Politiker, erklären sie wütend.

Gemeinsam mit einem Kamerateam habe ich als langjährige *ARD*-Afrikakorrespondentin die chinesischen Ingenieure in ihrem Buschcamp in einer der unwirtlichsten Gegenden Kenias besucht. Wir sind tausende Kilometer quer durch Kenia, Sambia und Angola gereist auf den Straßen, die die Chinesen derzeit in ganz Afrika bauen. „China Roads" nennen LKW-Fahrer die Autobahnen der Chinesen, die längst zum Synonym für eine rasante wirtschaftliche Entwicklung in Afrika geworden sind. Niemand hat in den letzten Jahren so viel Geld in die Infrastruktur Afrikas investiert wie die Chinesen. Doch welche Rolle spielen die Chinesen in Afrika? Sind sie die neuen Kolonialherren und politischen Partner korrupter Despoten oder ebnen sie afrikanischen Unternehmern den Weg in die globalisierte Wirtschaftswelt? Während der Westen Afrika als kränkelnden Patienten behandelt, den man mit Medikamenten aufpäppeln muss, sieht China Afrika als Global Player, voller Reichtum, Rohstoffe und Absatzmärkte. In Angola sorgen deutsche Ingenieure dafür, dass chinesische Projekte nach westlichem Standard gebaut werden. Ein Zukunftsmodell? Wo sind die Lücken auf dem Zukunftsmarkt Afrika und wie wollen Entwicklungsminister zukünftig die wirtschaftliche Zusammenarbeit mit Afrika gestalten? Kann es sich Deutschland leisten, Afrika wirtschaftlich den Chinesen zu überlassen? Diesen Fragen geht der Film nach und skizziert die Strategie der neuen Supermacht China und die Mängel westlicher Geberpolitik.

„Global Players" – Ein Film von Tom Theunissen

Sie kommen aus Deutschland, dem „Land der Ideen", und sie kommen, um zu helfen: Deutsche Stadionbauer, Reiseveranstalter, Sicherheitsexperten, Anwälte, Werbefachleute, Ex-Fußballer, Architekten, Wirtschaftswissenschaftler, Experten für alles und solche, die sich dafür halten. Global Player im Fußballgeschäft. Ihre Motivation: Export von Erfahrungen, gute Geschäfte und ein bisschen Abenteuerlust.

Unter großem Termindruck versuchen sie, gemeinsam mit ihren südafrikanischen Partnern den rigorosen, detaillierten Vorschriften des Weltfußballverbandes FIFA zu entsprechen. Auch wenn von einer „afrikanischen WM" die Rede ist – sie bekommt gelegentlich schon so etwas wie einen postkolonialen Beigeschmack, wenn Europäer sich mit ihrem *know how* am Kap breit machen. Die filmische Langzeitbeobachtung von Tom Theunissen zeigt vier Jahre deutscher Hilfe und Zusammenarbeit, aber auch Besserwissertum und Geschäftemacherei. Eine Reportage rund um ein vielleicht überschätztes Großereignis mit Einblicken in die soziale Realität eines Schwellenlandes.

„Mama Afrika – die Hoffnung eines Kontinents" – Ein Film von Chiara Sambuchi

Afrika im Aufbruch – und es sind die Frauen, die mutig vorangehen. Die Mütter, die ihren Familien ein Auskommen und ihren Kindern eine Zukunft schaffen wollen. Sie schütteln Lethargie und Elend ab, treten tagtäglich wie Königinnen in die Welt und setzen Zeichen. Sie übernehmen Verantwortung, wo andere die Hoffnung aufgegeben haben. Vier Frauen in vier Ländern führen uns von der Wildnis des ugandischen Urwaldes ins Chaos der senegalesischen Metropole Dakar, von den kargen Weiten des Hochlandes Lesothos bis tief hinein in die Savanne Mosambiks.

Da ist Margret, die Radio-Chefin aus Uganda. Sie musste in ihrem Leben viel erdulden. Genau darum schickt sie jeden Morgen in ihrer Radiosendung „Reflections" eine Botschaft an die Frauen Ugandas hinaus und gibt ihnen damit Kraft im alltäglichen Überlebenskampf. Nandéye ist Automechanikerin. Die Designerin und Handwerkerin Marcia will, dass Mosambik ohne westliche Hilfe auf die Beine kommt: Sie bringt der ländlichen Bevölkerung bei, wie man Körbe für den Geschmack der Städter flicht. Und schließlich Grace, die in Lesotho eine Klinik für Aids-Kranke leitet, mit dem Gefühl, jeden Tag am Abgrund zu balancieren. Das aber tut sie mit sicherem Schritt, denn jedes gerettete Leben ist eine Hoffnung für den nächsten Tag.

Diese vier Frauen stehen für den Aufbruch Afrikas in eine neue Zeit. Sie kennen die dunkle Seite des Kontinents und haben sie durchlebt. Doch Margaret, Nandéye, Marcia und Grace blicken nach vorne. Sie ergreifen ihre Chance auf ein besseres Leben für sich, für ihre Familien und die Gesellschaft. Sie sind die Hoffnung des neuen Afrika.

Resümee

Vom Kontinent Afrika wird ein düsteres Bild gezeichnet. Ein scheinbar hoffnungsloser Fall der Unterentwicklung und Armut. Dem hilflosen Afrika wird das überlegene Europa gegenübergestellt. Karitative Einrichtungen unterstützen diese problematische Perspektive häufig durch ihre Spendenaufrufe. So fordern uns auf Plakaten oder in Zeitschriften immer wieder hungrige afrikanische Kinder mit großen, traurigen Augen dazu auf, etwas von unserem Reichtum für die Rettung der Menschen in Afrika zu spenden. Im Gegensatz zu den Schreckensmeldungen vom „Katastrophen-Kontinent" habe ich versucht, mit meinen Magazinbeiträgen und Filmen Hintergründe zu liefern und starke Persönlichkeiten zu zeigen, die die politische, wirtschaftliche, soziale und kulturelle Entwicklung ihrer Länder maßgeblich beeinflussen und die Dinge selbst in die Hand nehmen.

So groß die Not in einigen Gegenden immer noch ist: Viele Länder Afrikas boomen seit Jahren und haben eine großartige Zukunft vor sich. Gerade diese neusten Entwicklungen kommen in der Berichterstattung zu kurz. Ein Grund dafür sind allerdings auch die wirtschaftlichen Rahmenbedingungen. Afrika bietet zurzeit ein Bild, das dem Westen nicht gefallen kann: China ist für das Ökonomische zuständig, für erfolgsversprechende Wirtschaftsprojekte und Zusammenarbeit, während der Westen eher für das Humanitäre und Soziale zuständig ist. China sucht nach dem Potential des Kontinents und beklagt nicht oder bemitleidet nicht seinen Zustand. China ist interessiert, mit Afrika ins Geschäft zu kommen. Das Auftreten der Chinesen in der wirtschaftlichen Zusammenarbeit mit Afrika hat die strategisch-politische Situation Afrikas erheblich verbessert.

Der Westen hängt dagegen einem völlig überholten Afrikabild an, das nur langsam durch eine zuweilen positive Berichterstattung korrigiert wird. Das westliche Gebersystem krankt meiner Ansicht daran, dass es stark bürokratiegetrieben ist und die fähigsten Bürokraten bindet. Außerdem haben wir von den Entwicklungsländern immer verlangt: „Werdet so wie wir im Westen. Erst wenn ihr diese und jene Institutionen aufgebaut und die Rahmenbedingungen erfüllt habt, bekommt ihr Darlehen von der Weltbank." Wir waren bisher immer der Meinung, unser Wirtschaftssystem sei anderen überlegen. Dann kamen die ersten Finanzkrisen in den neunziger Jahren und wurden zu Krisen der Weltanschauungen. In den Jahren 2008 und 2009 ist auch eine Krise unserer Systemvorstellungen ausgebrochen. Alle suchen nach dem geeigneten Modell und nach einem neuen Ansatz für eine angemessene Wirtschaftspolitik. Und wir müssen erkennen, dass das chinesische Modell des praxisorientierten, bis zum Ende sehr stark durchführungsorientierten Denkens in Afrika sehr erfolgreich ist.

Vor diesem Hintergrund fällt es vor allem uns Deutschen schwer, die wir dem „karitativen" Ansatz anhängen, unser Afrikabild zu korrigieren und zu erkennen, dass Afrika ein Kontinent im Aufschwung ist: Afrika wird jünger und städtischer – und selbstbewusster. Denn die städtische Jugend ist Teil der Globalisierung und lebt im Rhythmus der Welt. Eine konsumkräftige afrikanische Mittelklasse, in ihrer Gesamtheit mindestens so groß wie die Indiens, ist entstanden und sorgt dafür, dass sich immer mehr Länder des Kontinents eines nachhaltig hohen Wirtschaftswachstums erfreuen.

Das Afrikabild in deutschen Medien

Patrick Leusch

Wie kann das Bild Afrikas in den deutschen Medien verbessert werden? Die Frage impliziert, dass das Bild Afrikas in den deutschen Medien verbesserungswürdig ist. Das darf man bezweifeln, auch wenn alleine diese Aussage beim großen Kreis der Afrikafreunde in Deutschland zu Schnappatmung führt.

Zu den Fakten: Afrikathemen machen in der deutschen Berichterstattung nach einer – zugegeben schon älteren – Untersuchung, die der *„Journalist"* publiziert hat, 0,5 Prozent der Gesamtberichterstattung in Zeitungen und Rundfunk aus.

Das herrschend Vorurteil scheint also bestätigt: Auf den ersten Blick erscheint dies verschwindend gering. Aber nur, wenn man die Zahl in eine mathematische Relation zur Größe oder zur Bevölkerung des Afrikanischen Kontinents setzt. Oder aber, wenn man diese Erkenntnis in Relation zu den auch von Afrikafreunden als enorm angesehenen Problemen Afrikas setzt. Womit wir schon mitten in der Diskussion um Stereotype sind. Fakt ist:

- Der Anteil Afrikas am deutschen Außenhandelsvolumen beträgt ganze drei Prozent.
- Die Kolonialgeschichte Deutschlands auf dem Kontinent ist erstens kurz, zweitens ruhmlos und drittens lange her.
- Deutschland hat auf dem Kontinent keine ernsthaften geo-strategischen oder politischen Interessen, oder meint zumindest keine zu haben.
- Touristisch reduzieren Deutsche Afrika auf ein paar pittoreske Lodges im Busch und die Golfplätze in Südafrika.

Andererseits hat Afrika in Deutschland eine effektive und aktive Lobby. Ich habe zum Beispiel noch nie gehört, dass es ein Symposium zum Lateinamerikabild oder zum Südostasienbild in deutschen Medien gegeben hätte. Es hat auch noch niemand beklagt, die sogenannte Asienberichterstattung sei so schlecht. Für eine bessere „Afrikaberichterstattung" aber wird regelmäßig lautstark die Trommel gerührt.

Warum ist es so schwierig, afrikanische Themen in den Medien zu platzieren? Weil Chefredakteure annehmen, das Publikum sei an mehr Berichterstattung aus Afrika schlicht nicht interessiert. Diese Annahme ist weitgehend richtig: Es gibt kein breites Interesse an Afrika, weil Afrika in der Lebenswirklichkeit der Deutschen keine Rolle spielt. Afrika ist aus deutscher Perspektive ziemlich bedeutungslos: Da stören mal ein paar gestrandete Zuwanderer, aber über den lächerlichen Preis von Schokolade in deutschen Supermärkten wollen wir erst gar nicht nachdenken: Ach, da ist Kakao drin? Wie, der Kakao kommt aus Afrika? Ansonsten kann man als Exportweltmeister gerade in Afrika nicht viel verdienen, weil sich dort niemand die hochentwickelten und komplexen Produkte *made in Germany* leisten kann. Was kann man im Niger schon mit hochintelligenten KUKA-Schweißrobotern machen?

Deutsche Bürger und ihre Politiker haben also keine wichtigen Interessen in Afrika. Leider – und im Gegensatz zu den Chinesen zum Beispiel. Die Beziehung der meisten Deutschen zu Afrika definiert sich entweder über eine altruistische und oft mitleidige Haltung oder über exotische Neugier.

Die Deutsche Afrikaberichterstattung ist seit langem dem Vorwurf ausgesetzt, entweder durch eine 4K-Berichterstattung (Katastrophe, Krieg, Krise, Korruption) die mitleidige Haltung zu rechtfertigen, oder aber mit Bildern von Löwen-im-Sonnenuntergang-am-Wasserloch-Motiven die Exotik-Schiene zu bedienen.

Beides ist nicht falsch, zeigt aber auch nicht das gesamte Bild. Zum einen sind deutsche Medien in Afrika durchaus mit guter Infrastruktur und einigem Personal vertreten, vor allem die *ARD*. Die Kolleginnen und Kollegen auf dem Kontinent kennen sich ganz überwiegend gut aus und sind sehr gute Journalisten. Aus meiner Wahrnehmung ist die Afrikaberichterstattung in deutschen Medien deshalb durchaus differenziert, ausgewogen und neutral. Zur Grundhaltung dieser Kollegen gehört auch immer noch, sich die Dinge vor Ort anzusehen und nicht am Schneidetisch *footage* der Nachrichtenagenturen zu konfektionieren.

Die besten Reportagen und Berichte sind die, die sich die Mühe machen und die Zeit nehmen, die Dinge differenziert und tiefgründig zu beleuchten. Die laufen allerdings tatsächlich auf Sendeplätzen mit extrem geringem Restrisiko des Zuschauerkontakts. Im Hautprogramm läuft 4K.

Man kann also sagen, dass die deutsche Afrikalobby von den deutschen Medien eine Berichterstattung fordert, die das reale Interesse beim deutschen Publikum schlicht ignoriert und aus einer empathischen Haltung heraus eine überproportionale Wahrnehmung und Zuwendung einfordert. Diese aus einer Gutmenschenhaltung formulierte Forderung wird aber dem eigentlichen Problem nicht gerecht – und Afrika und seiner Situation auch nicht.

Das eigentliche Problem liegt woanders: Das fundierte Verständnis für die Zusammenhänge in einer völlig interdependenten Welt fehlt den meisten Menschen –

und Journalisten haben nach wie vor große Probleme mit der korrekten Einordnung und Einschätzung sowie der verständliche Darstellung solcher komplexen Zusammenhänge.

Warum kann uns Afrika nicht egal sein? Eurobarometerstudien der Europäischen Union zeigen deutlich, dass Menschen in der EU die Zusammenhänge etwa zwischen Handelsfragen und Entwicklungsprozessen besser verstehen, je höher ihr Bildungsgrad ist. Anders ausgedrückt: Gebildete Bürger wissen, dass der Kakao in der Schokolade aus Ghana oder von der Elfenbeinküste kommt und dass der Bauer dort nichts kriegen kann, wenn die Tafel Schokolade bei uns 99 Cent kostet. Sie wissen auch, dass ein dauerhaftes Armutsgefälle in der Welt die entwickelten Regionen in ihren Standards ebenfalls bedroht. Bildung beugt also ganz klar Stereotypen vor und hilf intelligente Ansichten zu entwickeln – und möglicherweise auch danach zu handeln.

Diesen Prozess sollten auch Journalisten durchlaufen. Im deutschen Journalismus gibt es einen Mangel an Kompetenz der adäquaten Berichterstattung über globale Zusammenhänge. Die Ursache für diesen Mangel ist einerseits die untergeordnete Rolle des Auslandsjournalismus und die Tatsache, dass diese Fähigkeit in der Journalistenausbildung keine Rolle spielt. Dazu kommt, dass viele Journalisten trotz bester Absichten Stereotypen verbreiten, weil sie nicht gelernt haben, die eigene Brille konsequent wahrzunehmen – und dann abzulegen. Bei genauer Betrachtung transportieren auch scheinbar fundierte Berichte und Reportagen unterschwellig immer noch bekannte Vorurteile und Stereotypen. Afrikanische Medienmacher nehmen dies übrigens bei allen westlichen Medien sehr feinfühlig wahr: Inzwischen wird die Forderung „Let's tell our story our way" immer lauter. Gemeint ist damit eine relativ radikale Emanzipierung von der Deutungshoheit westlicher Medien.

Wie kann also die Afrikaberichterstattung in deutschen Medien verbessert werden? Erstens muss die Ausbildung von Journalisten in interkultureller, beziehungsweise wechselseitiger Wahrnehmung gestärkt werden. Damit kann man verhindern, dass unterschwellig bekannte Vorurteile weiter verbreitet werden. In den Journalistik-Studiengängen und Volontariaten spielt dieses Thema noch keine ausreichend große Rolle. Dies ist im Hinblick auf die Zukunftsfähigkeit der journalistischen Ausbildung leichtsinnig, denn unsere Lebenswirklichkeit wird zunehmend durch globale Zusammenhänge geprägt und irgendwer muss diese erklären können. Zweitens müssen die Fähigkeiten und Kompetenzen einheimischer Journalisten deutlich stärker genutzt werden. Dazu ist eine engere Vernetzung von Journalisten nötig und eine stärkere Zusammenarbeit. Fortbildungsprojekte für Journalisten wie „east4south" oder „beyond(y)our world" der *Deutschen Welle Akademie* setzen genau da an. Diese Projekte bieten jungen Journalisten als erstes eine fundierte Nachschulung in interkultureller Perzeption und befördern vor Ort dann

Reportageprojekte von Teams aus je einem europäischen und einem afrikanischem Journalisten. Diese produzieren ihre multimedialen Beiträge anschließend gemeinsam, bereiten sie aber für ihre jeweiligen Heimatmärkte unterschiedlich auf.

Die Afrikaberichterstattung wird also in dem Maße besser, in dem Journalisten in die Lage versetzt werden, vorurteilsfrei über globale Zusammenhänge zu berichten, die unser Leben mitbestimmen. Davon würde nicht nur Afrika profitieren, aber zuerst.

Zusammenfassung des ersten Panels: Afrikanische Themen in den Medien

Ildiko Holderer

Dass über Afrika in deutschen Medien mehr berichtet werden sollte, wird oft als Allgemeinplatz angenommen und ist auch auf vielen Fachtagungen nicht einmal mehr eine Diskussion wert. Eine Kontrastperspektive zeigte im Panel „Afrikanische Themen in den Medien" Patrick H. Leusch, Leiter des Bereichs Internationale Kooperation bei der *Deutschen Welle Akademie*, auf. Warum die Platzierung von afrikanischen Themen in deutschen Medien so schwierig sei? „Ganz kurz und knapp: Weil Chefredakteure annehmen, dass der Bedarf derzeit gedeckt ist, und die haben Recht damit", so Leuschs Antwort auf die übergeordnete Frage des Panels.

Seine These: Das Korrespondentennetz sei, vergleiche man es beispielsweise mit dem in Singapur, „super gut ausgebaut", mehr vertrage der deutsche Markt im Moment nicht. „Der Anteil Afrikas am deutschen Außenhandelsvolumen beträgt gerade mal drei Prozent und es gibt größtenteils keine gemeinsame Kolonialgeschichte. Warum also soll ein Deutscher ein noch größeres Interesse an Afrika haben? Das ewige Klagen darüber, dass zu wenig berichtet wird, ist damit nicht in Einklang zu bringen. Klar, dass die Leute Berichterstattung über Afrika nicht ins Abendprogramm pushen", so Leusch. Die Klagen über zu wenig Berichterstattung kämen unter anderem von der aktiven, politisch geprägten Lobby, die die Interessen Afrikas in Deutschland vertritt. „Obwohl Asien bezüglich der Wirtschaftsleistungen für Deutschland wichtiger ist, ist die Lobby viel kleiner, ein ‚Asien 3.0' wäre undenkbar", sagte Leusch. Seine, wie er sie selbst bezeichnet, provokanten Behauptungen sorgten für Diskussionsbedarf bei den Panelteilnehmern. „Das mit der Lobby sehe ich komplett anders. In Fußballvereinen und auch Schulen herrschen ganz andere Vorurteile gegenüber Menschen aus Afrika. Die Lobby, von der Sie reden, ist mit Sicherheit in bestimmten Kreisen vorhanden, in anderen nicht", bemerkte Jens Elmer vom *Eine-Welt-Netz*. Auch Christiane Sticher von der Stadt Dortmund kritisierte Leusch. „Globale Klimaverantwortung zum Beispiel und auch wie wir den Kontinent wirtschaftspolitisch ausbeuten: Das sind doch Themen, warum wir uns für Afrika interessieren könnten. Es ist zu einfach zu sagen, dass uns der Kontinent wirtschaftlich ja nicht so beeinflusst", so Sticher.

Teilweise stimmte Leusch diesen Argumenten mit seinem Fazit zu: „Wie es momentan aussieht, ist eine Sache. Die Welt wird immer globaler und vernetzter. Afrika als sich entwickelnder Kontinent wird in Zukunft auch für uns in der Berichterstattung immer wichtiger werden. In ein paar Jahren wird es vielleicht Verflechtungen geben, von denen wir heute nicht einmal träumen."

Die Rolle des Journalisten in der Afrikaberichterstattung

Artikel über Menschenschmuggel und Bürgerkrieg neben Lobhudeleien zu Wirtschaftswachstum und Bildungserfolgen: „Die Berichterstattung über einen Kontinent, der zwischen Wellblechhütten und Wolkenkratzern im Umbruch steckt, ist sehr schwierig. Zu Afrika gehören sowohl Menschenrechtsverletzungen als auch wirtschaftliche Entwicklungen, und die sollten in der Berichterstattung nicht komplett voneinander getrennt werden", sagte Birgit Virnich im Impulsvortrag des Panels. Die *WDR*-Redakteurin war sechs Jahre lang Afrikakorrespondentin, beschäftigt sich seit ihrer Kindheit mit dem Kontinent.

Die Kritik an der Afrikaberichterstattung sei ihr allerdings meist zu pauschal, so Virnich. So auch die Beschwerden über die Kriegsberichterstattung „als Teil eines Zerrbilds". „Es ist meine Aufgabe als Journalistin, von Krisen und Kriegen zu berichten. Die Frage ist nur, wie diese Berichterstattung aussieht." Sie versuche in solchen Situationen immer, die Geschichten durch „Helden auf Augenhöhe" zu personalisieren, erzählte Virnich in ihrem Impulsvortrag und nannte ein Beispiel: „Im Ostkongo beispielsweise habe ich im Zusammenhang mit Massenvergewaltigungen über einen Arzt berichtet, der diese Frauen für 250 Dollar im Monat operiert hat." Vor Ort sei die Rolle der Presse, auch abgesehen von ihrer Wächterfunktion, laut Virnich nicht zu unterschätzen: „Charles Taylor wäre nie zurückgetreten, wenn nicht 2003 so ein Aufgebot von internationaler Presse in Liberia angetreten wäre. Wichtig in diesem Zusammenhang ist einfach, wie man berichtet und dass man nicht nur Großkatastrophen und Kriege in Betracht zieht, sondern auch wirtschaftliche und politische Machtsysteme aufdeckt oder der Zivilbevölkerung wie im Fall von Nairobi Kommunikation ermöglicht."

Für eine angemessene Berichterstattung sollten außerdem vorgefertigte Meinungen und Bilder überdacht werden. Patrick H. Leusch zufolge ist es vor allem wichtig, „sich der Brille, durch die man die Welt sieht, bewusst zu werden und diese kritisch zu reflektieren." Es gehe bei der Vorbereitung auf eine Korrespondentenstelle generell darum, globale Zusammenhänge zu erkennen, seine eigene Wahrnehmung zu reflektieren und sich dadurch eine Kommunikationsfähigkeit anzueignen: „Ohne das adäquate Berichten über andere Menschen und Kulturen kommen wir nicht mehr aus, es bringt in einer globalisierten Gesellschaft nichts, die Welt aufzuteilen in ‚wir hier' und ‚die da hinten'", so Leusch.

Das karitative Denken abschaffen – Was müssen wir an unserer Einstellung gegenüber Afrika ändern?

Afrika als bedürftiger Bettler, Deutschland als großzügiger Geber: Die Einstellung deutscher Medien und der deutschen Bevölkerung zu Afrika ist laut Birgit Virnich hauptsächlich karitativ geprägt. „Daran müssen wir etwas ändern, das ist ein großes Problem. Die Hilfsorganisationen werden uns immer nahegebracht, aber da müssen wir im Kern gegen angehen", so Virnich. Bei den Arbeiten zu ihrem Film „Der afrikanische Patient – Wunderheiler China" habe sie gelernt, die Rolle der Chinesen in Afrika mit anderen Augen zu sehen. „Die Chinesen werden auch als Kolonialherren verdammt, aber durch sie entsteht das, was in Afrika wirklich gebraucht wird: eine Infrastruktur. Wir Deutschen tun uns sehr schwer mit dieser Rolle, verkennen dabei jedoch das Grundproblem, dass durch die karitativen Maßnahmen der innerafrikanische Handel bis jetzt nicht gefördert wurde", sagte die langjährige Auslandskorrespondentin.

Ihr Fazit aus sechs Jahren Kenia: „Afrika wird immer globaler, jedes Land auf seine Art. In der letzten Zeit ist eine ganze Menge passiert, das Internet und die Mittelklasse explodieren. Der Kontinent hat eine junge, innovative Bevölkerung mit viel Potenzial." Dieses Potenzial müsse nun ausgeschöpft werden, und zwar, indem man den Kreativen in Afrika durch Hypotheken und Kredite die Möglichkeit geben solle, sich selbst einzubringen. „Allerdings sind viele Menschen in Afrika dagegen, ausländische Unternehmer zu empfangen – nach jahrelanger Ausbeutung. Eine Partnerschaft auf Augenhöhe ist nur schwer vorstellbar für die meisten", warf Joel Kossivi, Student aus Siegen, in die Panel-Diskussion ein. Gerade deshalb sei es umso wichtiger, so Virnich, das „karitative Denken" abzustellen. „Eine andere Möglichkeit ist nur schwer denkbar. 60 Jahre Hilfsindustrie und die sogenannten Budgethilfen haben außer der Zementierung politischer Eliten wie in Kenia und Ghana nichts gebracht." Ein Anliegen diesbezüglich von Patrick H. Leusch ging jedoch auch in eine andere Richtung: „Wir befinden uns in gewaltigen Untiefen bei dieser Diskussion, man neigt auch schnell wieder dazu, in Stereotype zu verfallen: Kolonialismus, die Chinesen und die Hegemonialpolitik – das volle Programm. Ich würde dringend empfehlen, wenn über Afrika geredet wird, genauer zu differenzieren. Das sind ganz unterschiedliche Staaten, man kommt der Sache nur nahe, indem man feststellt, dass alle unsere Vorstellungen bezüglich des Kontinents wegbröckeln und dass wir einmal auf ‚Neustart‘ drücken müssen.“ Karitative Maßnahmen sollten, laut Leusch, trotzdem nicht komplett wegfallen: „Grob würde ich sagen: Bietet Hilfe, damit die Leute nicht sterben an Krankheiten und Hunger, aber denkt vor allem an die Kapazitätsentwicklung.“ Der Begriff, im Englischen auch als „capacity building“ bezeichnet, umfasst laut Bundeszentrale für gesundheitliche Aufklärung „den Aufbau von Wissen, Fähigkeiten, Engagement, Strukturen und Führungsqualitäten“. Die einzelnen Länder sollten also in die Lage versetzt werden, eigenständig ihre Interessen zu vertreten – ohne gut gemeinte, aber dennoch oft als herabsetzend empfundene Almosen in Anspruch nehmen zu müssen.

Panel 2:
Alternative Medien in der Afrikaberichterstattung

Afrika!
Plädoyer für eine differenzierte Berichterstattung

Martin Sturmer

Haben Sie schon einmal von einem Handy namens Elikia gehört? Nein? Das braucht Sie nicht weiter zu wundern. Bislang hat man in deutschen Medien kaum Notiz davon genommen. Elikia („Hoffnung", Lingala) ist das erste Smartphone, das in Afrika entwickelt worden ist und in China produziert wird. Sein Schöpfer ist der erst 27-jährige Informatiker und Unternehmer Vérone Mankou aus Brazzaville in der Republik Kongo.

Seit November 2012 ist Elikia in Brazzaville zum Preis von 130 Euro erhältlich – es ist damit deutlich günstiger als vergleichbare Smartphones anderer Hersteller. Wichtigstes Alleinstellungsmerkmal ist dabei ein eigener App-Store, in dem der Schwerpunkt auf afrikanischen Entwicklungen liegt. Diese Apps sind auf die Bedürfnisse afrikanischer Handynutzer maßgeschneidert und dienen zum Beispiel als Einkaufshilfe für landwirtschaftliche Produkte oder als politisches Partizipationsinstrument.

Elikia ist eine Erfolgsgeschichte. Das Handy geht in Brazzaville weg wie warme Semmeln, meint der freie Journalist Arsène Séverin. Journalisten wie Arsène Séverin ist es zu verdanken, dass die Elikia-Geschichte auch im deutschsprachigen Raum langsam den medialen Mainstream erreicht. Um nur ein Bespiel zu nennen: Mit meiner Nachrichtenagentur *afrika.info* habe ich den Beitrag über Elikia von Arsène Séverin im Februar veröffentlicht. Nach anfänglicher Skepsis zieht die Geschichte nun ihre Kreise. Kürzlich wurde ich vom *ORF* gebeten, den Kontakt sowohl zu Mankou als auch zu Séverin herzustellen. Für eine im Herbst geplante TV-Reportage will der *ORF* Erfolgsgeschichten aus Afrika präsentieren. Unter anderem soll nun auch ein Fernsehteam nach Brazzaville geschickt werden.

Das Beispiel zeigt, dass die Afrikaberichterstattung an einem Wendepunkt angekommen ist. Der klassische Auslandskorrespondent gilt aus Kostengründen aus Auslaufmodell. Nach Lutz Mükke, dem Autor von „Journalisten der Finsternis", sind nur noch 25 deutschsprachige Korrespondenten in Afrika unterwegs, zumeist haben sie ihre Standorte in Metropolen wie Johannesburg, Kapstadt oder Nairobi. Ihre Berichterstattungsgebiete sind enorm und umfassen – so Mükke – im Schnitt 33 Länder. Diese Strukturen begünstigen eine ereignisorientierte Berichterstattung, in der die Aufmerksamkeit in erster Linie auftretenden Konflikten gewidmet wird. Eine differenzierte Afrikaberichterstattung bleibt auf der Strecke.

Ich bin daher überzeugt, dass afrikanische Journalisten in Zukunft mehr und mehr das Ruder übernehmen und mit deutschsprachigen Medien zusammenarbeiten werden. Und das ist gut so: Denn dieser Perspektivenwechsel ermöglicht einen ausgewogenen Afrikajournalismus, in dem sowohl die Berichterstattung über Missstände als auch über Fortschritte ihren Platz haben. Durch diesen Perspektivenwechsel besteht meiner Meinung nach die berechtigte Hoffnung, dass das journalistische Klischee vom Elendskontinent bald der Vergangenheit angehört.

Die direkte Zusammenarbeit mit afrikanischen Journalisten hat viele Vorteile: Die afrikanischen Kolleginnen und Kollegen sind in ihren Heimatländern bestens vernetzt und näher an den Belangen der Bevölkerung dran. Sie haben ein oft kritisches Verhältnis gegenüber der Staatsmacht und hinterfragen die PR-Informationen von Hilfsorganisationen. Sie brauchen keine teuren Redaktionsbüros und dicken Reisebudgets. Rechercheреisen bleiben auf das Inland beschränkt.

Die Kontaktaufnahme gelingt oft binnen weniger Minuten oder Stunden: Viele afrikanische Journalisten begreifen das Internet und insbesondere Social Media als Tor zur Welt und sind via *Twitter*, *Facebook*, *LinkedIn* und über *Skype* rasch erreichbar. Die Namen einiger afrikanischer Kolleginnen und Kollegen sind auch jenseits von Afrika bereits zu einem Begriff im internationalen Journalismus geworden. Dazu zählen zum Beispiel:

- **Anas Aremeyaw Anas:** Ein investigativer Journalist aus Ghana, der zum Schutz seiner Identität und seines Lebens nur mit Maske auftritt. Er kämpft vor allem gegen die organisierte Kriminalität. Sein Motto lautet: „Name – Shame – Jail". Er trägt also Missstände an die Öffentlichkeit, benennt die Schuldigen und versucht, ihre gerichtliche Verurteilung zu erwirken. Der ghanaische Aufdecker ist überzeugt: „Was immer ich tue, es muss Konsequenzen haben."
- **Mae Azango:** Eine extrem mutige Journalistin aus Liberia. Sie wurde wegen ihres Kampfes gegen die Genitalbeschneidung bei jungen Mädchen in den sogenannten „Buschschulen" verfolgt, musste untertauchen und alle zwei Tage ihren Aufenthaltsort wechseln. „Ich war wie eine Fledermaus, die an jeder möglichen Decke hing, wenn die Nacht hereinbrach", beschreibt sie die Zeit ihrer Flucht. „Aber ich dachte mir, mein Leben für die Sache zu riskieren, sei es wert." Im November 2012 in New York wurde Azango mit dem „International Press Freedom Award" ausgezeichnet. Ein viel größerer Erfolg war aber, dass die liberianische Regierung die Buschschulen schließen ließ.

- **Rosebell Kagumire:** Bloggerin und Multimedia-Journalistin aus Uganda. Sie wurde vor allem dadurch bekannt, als sie die Negativdarstellung ihres Heimatlandes in der US-Kampagne Kony2012 via *YouTube* verurteilte. Sie meinte: „Kony2012 fördert das Stereotyp über Afrika: Völlig unfähig, sich selbst zu helfen, und immer auf die Hilfe von außen angewiesen zu sein."

Internationale Medienhäuser wie *Al Jazeera*, *Agence France Press* oder *Reuters* haben längst das große Potenzial von Anas, Azango oder Kagumire erkannt und arbeiten in ihrer Afrikaberichterstattung mit lokalen Mitarbeitern. Die Idee zu diesem Perspektivenwechsel ist aber alles andere als neu: Die Nachrichtenagentur *Inter Press Service* (*IPS*) verfolgt diesen Ansatz bereits seit 50 Jahren. Laut der Direktorin von *IPS Africa*, Kudzai Makombe, verfügt *IPS* zurzeit über ein Netzwerk von 130 Journalisten in nahezu allen afrikanischen Ländern.

Ich selbst arbeite mit meiner eigenen Nachrichtenagentur *afrika.info* seit nunmehr sechs Jahren mit dem deutschsprachigen *IPS*-Dienst in Berlin zusammen und verbreite die Afrikabeiträge in Österreich. Das Angebot wird gut angenommen: Zu den Abonnenten zählen 60 österreichische Journalisten, die pro Tag im Schnitt zwei Beiträge erhalten. Der wichtigste Abnehmer sind dabei die *Salzburger Nachrichten* – eine von drei österreichischen Tageszeitungen im Qualitätssegment. Seit 2008 hat die Tageszeitung mehr als 150 Beiträge veröffentlicht, davon weit mehr als die Hälfte als großformatige Artikel.

Für mein Buch „Afrika! Plädoyer für eine differenzierte Berichterstattung" habe ich in Form einer Medienresonanzanalyse nachweisen können, dass der Perspektivenwechsel tatsächlich zu einer ausgewogeneren Afrikaberichterstattung führt. In deutschen Leitmedien liegt der Anteil der sogenannten K-Themen – K wie Kriege, Krisen, Katastrophen, Korruption, Krankheit, Kriminalität und Kapitalflucht – im Schnitt bei 50 Prozent. Durch die *IPS*-Berichterstattung war diese häufig kritisierte Konfliktperspektive in den Salzburger Nachrichten deutlich schwächer ausgeprägt: Nur 17 Prozent der veröffentlichten *IPS*-Beiträge konnten den K-Themen zugeordnet werden. Stattdessen standen Wirtschafts-, Umwelt- oder Entwicklungsfragen im Vordergrund der Berichterstattung.

Ich bin mir sicher, dass afrikanische Medienprofis wie Arsène Séverin die Afrikaberichterstattung im deutschsprachigen Raum maßgeblich mitgestalten werden. Ich kann deutschen Medien daher nur empfehlen, möglichst rasch ihre Afrikastrategie zu überdenken und neue Wege zu gehen. Die eine Möglichkeit ist die Zusammenarbeit mit *IPS*. Die andere Möglichkeit ist der Aufbau eines eigenen Netzwerks aus afrikanischen Journalisten. Denn – und so lauten auch die Schlussworte in meinem Buch: „Die Stimmen des Kontinents werden von Tag zu Tag lauter. Nun ist es an der Zeit, unsere Ohren zu öffnen."

The need for positive stories about Africa – To what extent does the West have a vested interest in negative reporting about Africa?

Ama Biney

Introduction

Edward Said's influential book entitled "Orientalism" published in 1977 provides the paradigm through which I seek to draw parallels between how the West historically viewed and continues to view Arabs and the Middle East, as well as Africans and Africa. In brief, Said contends that the "Orient" was the "Other" – a geographical space projected and represented in the Western mind through art and literature, and the popular imagination in a repertory of images. Among these preconceived ideas is the Orient as a place that is mysterious, timeless (which meant, without a history), sensual, and with the tragedy of 9/11 it is often depicted as a harbinger of terrorists, extremism, and fundamentalism. Said locates the construction of "orientalism" within the history of imperial conquest; it is the creation of an ideal "Other" for Europe.

Similarly, we need to ask ourselves why is it when we think of Africa, even though we may have never been there or met an African, we have preconceived notions of the people who live there; how they act and what they believe. In other words, I wish to argue that the majority of Westerners have "orientalised" Africa and Africans.

There are many preconceived ideas, images, stereotypes, and attitudes that Westerners have about Africa. To put it differently and to generalise, there is a historic framework in which Africa is consciously and unconsciously viewed and in which most people in the West see Africa. For example, China has problems but we see and hear other things about China. Russia has problems too, yet we see and read other things about Russia. That same standard should apply to Africa, but does not: Therefore we need to ask why the discrepancy in standards exists?

Where do the negative racial images of Africa stem from?

The short answer is that these images, stereotypes, assumptions, relationships, attitudes have their antecedents in the former enslavement and colonisation of African people by Europeans. To put it differently, history is not something that has little or no impact on the present. Colonisation and enslavement is the lens through which much reporting on the continent and African people is done. Colonisation and enslavement have consciously and unconsciously affected how Europeans view the African continent and African people. In the 21st century the negative image of the African continent was perpetrated by a May 2000 edition of *The Economist* magazine that ran a blazing front page of a map of the continent and the headline "hopeless continent". It appears this perception of Africa has stuck in the Western mind.

My argument is that the current negative perceptions and images of Africa cannot be disconnected from Europe's past interaction with Africa, based on slavery and colonization. Chimamanda Ngozi Adichie conveys it well when she warns us of "the danger of the single story." She argues that John Lok, a British slave trader who went to Africa began the tradition of telling stories of African darkness and described Africans as "half-devil and half-child." Adichie is correct in saying that:

"'the single story creates stereotypes and the problem with stereotypes is not that they are untrue but that they are incomplete. They make the story become the only story. But there are other stories that are not about catastrophes. It is very important to talk about them. It is impossible to engage properly with a place or person without engaging with all of the stories of that place or person. The consequence of the single story is that it robs people of their dignity." (Adichie 2009)

To reiterate, it is not that Africa does not suffer from what the Nigerian journalist Pascal Eze aptly describes as PIDIC – Poverty, Illiteracy, Disease, Instability and Corruption. The problem is that in the West this tends to be "the single story" – or the only narrative that Westerners see in reconfigured images, perspectives, attitudes and depictions when Africa is presented by the Western media.

In his book "How to Write About Africa" Kenyan writer, Binyavanga Wainaina, makes a satirical attack on this theme and urges that when writing about Africa:

"'Among your characters you must always include The Starving African, who wanders the refugee camp nearly naked, and waits for the benevolence of the West. Her children have flies on their eyelids and pot bellies, and her breasts are flat and empty. She must look utterly helpless. She can have no past, no history; such diversions ruin the dramatic moment. Moans are good. She must never say anything about herself in the dialogue except to speak of her (unspeakable) suffering." (Wainaina 2008: 39)

To what extent has the Western media today abandoned the "heart of darkness" portrayals of Africa or what Rakiyaa Omar and Alex de Waal termed as "disaster pornography" in 1992? Omar and de Waal coined this term in relation to coverage of the terrible famine that had gripped Somalia in 1991 and had taken more than 300 000 lives. The usual images of starving children and human degradation filled TV screens and newspapers. Such images continue to dominate in the Western media decades later. Generally, "disaster pornography" is the Western tendency to focus only on the catastrophes of Africa, i. e.: genocide, war, election conflict, child soldiers, and humanitarian needs.

An example of this was the staging of Live Aid 2 in 2005, as a repeat of Sir Bob Geldof's 1985 benefit concert for Ethiopia. As Abdul Raheem (2009: 194) claims: "The year 2005 will go down as one in which so much was promised to Africa and in which so little was achieved (. . .) We were told several times by all kinds of do-gooders that 2005 was Africa's year. These expectations were based on a dubious coincidence outside of Africa. The British prime minister, Tony Blair, assumed both the presidency of the European Union and chairmanship of the G8 Rich Vultures' Club and promised to make Africa his priority".

The year led to the staging of Live Aid in June 2005 with big British celebrities such as Bob Geldof and Bono and various well known NGOs campaigning for "make poverty history" in Africa. Yet as Abdul-Raheem points out "what kinds of success is debt relief that sees Nigeria paying back over three billion dollars to Britain alone, a figure more than the total aid budget of Britain in the same year?" (ibid: 195). The year 2005 was a year that everyone appeared to love Africa and become Africa's best friend, making "Blair, Brown, Bob and Bono, the B stars in poverty pornography" (ibid: 194). With regards to the organisation of the concert, African musicians were not involved as equal partners. Abdul-Raheem posed: "'How is it defensible that 20 years after Live Aid and all the sea changes that Africa and the rest of the world have witnessed, these activities are still being planned and executed without visible participation of Africans?" (ibid: 202). He goes on to say:

"These omissions are not because of ignorance but the result of a mindset that 'infantilizes' Africans and cannot trust Africa to do anything for themselves, including even telling the world where our shoes are pinching us (. . .) Similarly in July 2005 eight 'white men in dark suits' met in far away Gleneagles, Scotland, to save Africa. None of them is an African."

(Abdul-Raheem 2009: 200)

Why is there a need for more professionally balanced and ethical reporting?

Firstly, the short answer to this question is that negative reporting carries stereotypes and misrepresentations that distort. The Western images and representations of Africa are often highly damaging and harmful. I am not arguing that PIDIC does not exist in Africa. However, what I am saying is that PIDIC is not the entire truth of Africa.

Secondly, a more rounded, fair, balanced presentation of Africa is needed to show that Africans are human beings and no different from the rest of the human family in confronting the socio-economic and political challenges in their societies.

Thirdly, there is a historic framework in which Africa is consciously and unconsciously viewed and in which most people in the West see Africa. A more conscious effort is therefore necessary to present other realities about Africa.

Fourthly, as part of ethical reporting we need to see the negative, but within an appropriate and ethical context, alongside the positive developments in Africa. Among these positives has been the rise of women in many African countries. Yet in the prevailing Western images and reports on Africa, one would not know that the African continent has a higher number of women parliamentarians than the so-called developed nations of Europe, the US and Britain (Skaine 2008: 13). For example, "In 2003, Rwanda elected a new parliament with the highest percentage of women in the world (close to 49 percent). Africa has some of the highest rates of female legislative representation in the world, with women claiming over 30 percent of the parliamentary seats in Mozambique, South Africa, Tanzania, Uganda, and Burundi" (Tripp/Casimiro/Kwesiga/Mungwa 2009: 1).

Another positive story is that in June 2013, for the first time in its' 109 year history, FIFA appointed a woman to its' governing executive body. Burundian Lydia Nkesera won 95 of the 203 votes ahead of Australian Moya Dodd and Sonia Bine-Aime from the Turks and Caicos Islands.

Two young Africans, Burkinabé young inventor Moctar Dembele and his colleague, Burundian Gerard Niyondiko, both won the Global Science Venture Competition (GSVC) in April 2013, for creating an anti-malaria repellent soap from different herbs. Dembele explained that what motivated their creation was the desire to have a simple solution to an often fatal illness, but one which poor people could access cheaply. As the African continent accounts for 85 percent of malaria cases and 90 percent of malaria deaths worldwide, these young inventors are to be highly commended (Dia 2013).

Yet another positive story comes from Kenya about 13 years old Richard Turere, who while herding his father's cows in the savannah, was challenged with preventing lions from killing the livestock. He discovered that lions are deterred by moving lights. The teenager came up with a simple invention involving use of an old battery, a small torch, a transformer and an indicator box to create a flashing light that has since then prevented the lions from killing his father's livestock. This young engineer has gone on to install the simple device for his neighbors and other communities in Kenya. Why do positive stories like these not reach the front pages of Western newspapers or bulletins in television news broadcasts? (I will return to this question in my conclusion). As Aikins Adusei asks:

> *"'Why do the media in the West ignore the role of western institutions in corrupt deals? The media in the west tend to ignore the role of western institutions for many reasons. They would rather show the poverty level in Africa but refuse to show the role played by western institutions for fear of losing revenue through adverts (...) Corruption is rife in Africa because banking institutions in Europe especially Switzerland, France, Jersey Island, Britain, Luxembourg, Lichtenstein, Austria, and US among others accept money from African leaders without questioning its source."* (Adusei 2009)

Hence, while the Western media rightly name notorious African leaders such as Sani Abacha of Nigeria, Mobutu of former Zaire, Omar Bongo of Gabon, Ben Ali of Tunisia and others for stashing billions of Dollars in foreign bank accounts, they are disingenuous and unethical for failing to probe further by naming banks and institutions profiting from such accounts while African people continue to endure poverty.

Recently the former UN Secretary-General, Kofi Annan called the G8 countries to end some of the "unconscionable" practices of companies exploiting Africa's vast reserves of natural resources. As chair of the annual Africa Progress Report, the group investigated how the economic benefits of natural resources fail to reach Africa's citizens as a consequence of secret mining deals and financial transfers which cost Africa around $ 38 billion per year (BBC 2013). Therefore, to reiterate the argument, whilst corruption exists in Africa, Western multi-national companies are often complicit in this corruption in a number of ways such as illicit deals and tax avoidance (New African 2013).

As Blunt (2011: 75) contends: "The first thing to be said about Western media coverage of Africa is that there is not enough of it, although Africa is not the only continent to suffer." On account of the prevailing economic crisis, media organizations are being squeezed and are cutting their regional centers in Africa. If the quantity of news reporting on Africa and documentaries on Africa increased (i. e. other than about wildlife in Africa, boxing, humanitarian issues) this would give rise to a broader range or diversity of stories reported on Africa. However, whilst I recognize that financial resources are a constraint on Western media houses, my argument is that the real constraint on coverage of Africa is an ideological one

i. e. the mind-set, the ideological lens or paradigm through which the West views Africa is the central problem.

Rukato and Komara (2011: 85) claim, "In 2006, when South Africa won the bid to host the 2010 World Cup, many Africans saw this as a golden opportunity to re-brand Africa as a peaceful, vibrant and promising continent that the world should pay attention to in terms of investment, tourism, sport and others. They hoped that the hosting of the World Cup would be a window through which the world would see Africa in all its diversity and splendor. Well the World Cup has come and gone. Does the world see Africa any differently now?"

According to Hirsh (2012), "Most international news outlets now have programs specifically designed to champion positive news stories in Africa. The *BBC* runs African Dream, a series about successful African entrepreneurs, *CNN* has African Voices." Furthermore, she argues that there is "a lamentable lack of specialist African coverage in the world's media (...) once in a while we see a positive 'African season' – then western media revert to sensationalist and stereotypical coverage." She claims "there is a laziness applied to media coverage of Africa that is seldom seen elsewhere" (ibid). Even the emergence of western stories of rising African economies – such as Ghana, Tanzania, Mozambique that have had GDP growth rates of over 5 percent per annum need further examination. Bates (2012) observes that Africa is seen to be rising against the backdrop of the Euro crisis, double dip recessions, occupy protests, LIBOR corruption scandals: "But to properly understand the 'Africa Rising' narratives, we also need to look at what they are a response to – the much older, and much more negative, 'Dark Continent' narratives that have dominated Western discourses on Africa for centuries." Bates asks why the current projection of Africa as an emerging continent is taking place now. He believes: "It is partly because people think the best way to repudiate the negative stereotypes of Africa is to pump out wholly 'good news' – and engage in a rebranding of the continent." But perhaps the central reason we are seeing all this "good news" in Western media links back to the West's own idea of itself and of Africa. Africans are now "finally" playing by the West's rules in terms of accepting neo-liberal market policies, notions of good governance, transparency and accountability. Another limitation of this "emerging continent" narrative is that it falls into depictions of Africa as the continent of extremes: Africa has always been portrayed as "the heart of darkness" and now it is a rising like a phoenix. Such representations reinforce a binary reality of Africa versus the West – that is Africa is dark, the West is light, Africa represents bad traditionalism, tribalism, authoritarianism, instability whilst the West represents good liberalism, democracy and capitalism; and the latest terminology that requires decoding is Africa succumbing to "poor macro-economic policy" as a result of influences from China.

Conclusion: To what extent does the West have a vested interest in "orientalising Africa" and Africans?

Ankomah (2008: 8) contends that the modus operandi of the Western mainstream media prevents it from being the "paragons of objectivity and balance" on account of a number of factors. Firstly, media houses such as *BBC*, *Reuters*, *Sky News*, *New York Times*, *Washington Post*, *Newsweek*, *The Economist*, *Le Monde*, and *Spiegel* all have agendas to push in the cause of their national interests. Such interests invariably affect their coverage of events at home and abroad and many journalists will follow the flag or the lead set by government in foreign policy matters. Secondly, the media is widely accepted (both in the West and in Africa) as the "fourth estate of the realm" and as a consequence "the media is embedded deep inside the state helping it to function as designed by the powers that be" (ibid)[1]. Thirdly, it is a reality that media houses have ideological leanings (i. e. conservative, liberal, centre left etc.) and are not exempt from the historical attitudes that have shaped how the West views Africa and Africans. The mainstream media is responsible for perpetrating much of the negative narratives about Africa.

Perhaps it is the case that Western NGOs such as UNICEF, ActionAid, Oxfam and many others have a vested interest in "disaster porn" to raise money for their campaigns, there is a need to portray Africa with degrading images in order to stir the consciences of Westerners and motivate them to donate money to their cause. Yet, in engaging in "disaster porn" the dignity of Africans is violated and engenders an inferiority complex in Africans, i. e. that Western ways of doing things are superior and all that is African is mediocre if not to be denigrated. It is often the case that more images of dead African bodies are shown on television and in newspapers than that of Europeans. In short: "Africa has become a 'comfort zone' used by the West to calm down its masses. If the Western media shows the Tanzanian capital, Dar es Salaam, or the Nigerian capital Abuja in full flower, the West's 'comfort zone' will whittle away. The Western masses will know that their cities are not the only nice places on earth, and the so-called 'poor' Africans will be seen to be not so bad after all. That would be subversive of all that the West has been doing to Africa since the first Europeans landed on our shores" (Ankomah 2008: 14). This argument echoes that of the late Chinua Achebe (1988: 251–261) who argues that there is "'the desire (...) in Western psychology to set Africa up as a foil to Europe, as a place of negations at once remote and vaguely familiar, in comparison with which Europe's own state of spiritual grace will be manifest."

1 This "embeddedness" of the Western media was illustrated during the subsequent invasion of Iraq in March 2003 when the term "embedded journalists" was coined. It referred to journalists that had been approved by Western governments to accompany Western soldiers on the battleground. The objectivity of accounts by these journalists is debateable as a result of their close allegiance with the Western troops.

This aside, there are a minority of journalists and writers in the West who write with a conscience and a critical ideological perspective, that is empathetic to global social and political justice. Among them are the Americans Naomi Wolf and William Blum; the Australian John Pilger; British writers George Monbiot and Gary Younge. Their writing is occasionally reflected in the mainstream, but is certainly not mainstream thinking. Their writing exists in the domain of alternative media and critiques of the mainstream media.

Meanwhile, as the West continues to reconfigure further sophisticated subliminal derogatory images and narratives about Africa in reports and images, "little is said about Africa's strategic importance to so-called industrialized nations; her indispensability and relevance to world development, global technology, and the wealth of nations, derived from involuntary African largesse, are not acclaimed in the media." Few Westerners are aware that they carry a piece of Africa in their mobile phones as a consequence of the coltan from the Democratic Republic of the Congo that "possesses 64 percent of the world's reserves of coltan. When coltan is refined it becomes a heat resistant powder that can hold a high electric charge. The properties of refined coltan are vital elements in creating devices that store energy or capacitors, which are used in a vast array of small electronic devices, especially in mobile phones, laptop computers, pagers, and other electronic devices" (Friends of the Congo 2013).

It is my position that unless the often patronising, and at times racist ideological lenses through which the West views Africa changes, the West will continue to "orientalise" Africa and Africans. Moreover, there are interests to be gained from doing so.

References

Abdul-Raheem, Tajudeen (2009): *Speaking Truth to Power: Selected Pan-African Postcards.* Pambazuka Press.

Achebe, Chinua (1988): An Image of Africa: Racism in Conrad's Heart of Darkness. In: Conrad, Joseph/Kimbrough, Robert (eds.): *Heart of Darkness. An Authoritative Text, Background and Sources Criticism.* W. W. Norton and Co., pp. 251–261.

Adichie, Chimamanda Ngozi (2009): Die Gefahr einer einzigen Geschichte. [The danger of a single story] http://www.ted.com/talks/chimamanda_adichie_the_danger_of_a_single_story.html Accessed: December 2013.

Adusei, Aikins (2009): Hiding Africa's Looted Funds: the Silence of Western Media. http://www.modernghana.com/news/207688/1/hiding-africas-looted-funds-silence-of-western-med.html Accessed: December 2013.

Ankomah, Baffour (2008): Reporting Africa. In: *New African*, June 2008.

Bates, Robert (2012): Africa Through Western Eyes: The World's Dark Continent or Capitalism's Shining Light? In: *Think Africa Press*, 31 October 2012. http://thinkafricapress.com/culture/africa-through-western-eyes-worlds-dark-continent-or-capitalisms-shining-light Accessed: December 2013.

BBC (2013): Kofi Annan: Africa Plundered by Secret Mining Deals. http://www.bbc.co.uk/news/world-africa-22478994 Accessed: December 2013.

Blunt, Elisabeth (2011): Through a Glass Darkly Africa for the Western Media. http://sp.au.int/auherald/contributions/through-glass-darkly-africa-western-media Accessed: December 2013.

Chavis, Rod (1998): Africa in the Western Media. Paper presented at the Sixth Annual African Studies Consortium Workshop, October 2. http://www.africa.upenn.edu/Workshop/chavis98.html Accessed: December 2013.

Dia, Hannington (2013): African Students Create Anti-Malaria Soap, Win Business Competition. In: *NewsOne*, 22 April 2013 http://newsone.com/2407143/moctar-dembele-gerard-niyondiko-faso-soap/ Accessed: December 2013.

Friends of the Congo (2013): What is coltan? http://www.friendsofthecongo.org/pdf/coltan_facts.pdf Accessed: December 2013.

Hirsh, Afua (2012): The west's lazy reporting of Africa. In: *The Guardian*, 15 April 2012. http://www.theguardian.com/commentisfree/2012/apr/15/west-lazy-reporting-africa Accessed: December 2013.

New African (2013): Deals and Dirty Tricks Bleeding Africa Dry. http://www.newafricanmagazine.com/special-reports/other-reports/deals-and-dirty-tricks-bleeding-africa-dry Accessed: December 2013.

Omaar, Rakiya/de Waal, Alex (1992): Disaster Pornography From Somalia. In: *The Los Angeles Times*, 10 December 1992. http://articles.latimes.com/1992-12-10/local/me-2208_1_somalia-disaster-pornography Accessed: December 2013.

Rukato, Hesphina/Komara, Hajila (2011): Tomorrow's Africa. In: *AU Herald*, Vol. 1, p. 83–96.

Said, Edward (1978): *Orientalism*. London: Penguin.

Skaine, Rosemarie (2009): *Women Political Leaders in Africa*. McFarland & Co.

Tripp, Mari A./Casimiro, Isabel/Kwesiga, Joy/Mungwa, Alice (2009): *African Women's Movements Changing Political Landscapes*, Cambridge University Press.

Wainaina, Binyavanga (2008): *How to Write About Africa*. Kwani Trust.

Zusammenfassung des zweiten Panels: Alternative Medien in der Afrikaberichterstattung

Julia Stollenwerk

Eine Reihe alternativer Medien hat es sich zum Ziel gemacht, einen differenzierten Blick auf den afrikanischen Kontinent zu werfen. Welche Strategien können sie entwickeln, um mehr Menschen zu erreichen und als Informationsquelle auch für Journalisten anderer Medien attraktiver zu werden?

Afrika braucht positive Geschichten, davon ist Ama Biney, Journalistin und Wissenschaftlerin an der Universität London, überzeugt. Die Chefredakteurin des Nachrichtendienstes *Pambazuka News* bemängelt in der gängigen Afrikaberichterstattung die Verbreitung einseitiger, stereotyper Bilder, deren Ursprünge sich oftmals in Zeiten des Sklavenhandels und des Kolonialismus finden ließen. Diese Stereotypen fasst sie unter dem Begriff „PIDIC" zusammen; die einzelnen Buchstaben stehen für Poverty, Illiteracy, Disease, Instability und Corruption (Armut, Analphabetismus, Krankheit, Instabilität und Korruption). Dabei handle es sich natürlich um real vorhandene Probleme auf dem Kontinent, welche alleine betrachtet aber ein unvollständiges Bild lieferten.

Nicht selten hätten westliche Medienhäuser ideologische Gründe, hauptsächlich negativ zu berichten und somit ein problematisches Bild Afrikas zu festigen. Oftmals würden Interessen, Mitschuld und Komplizenschaft des Westens in Bereichen wie etwa der Korruption verschwiegen, sowie die strategische Wichtigkeit Afrikas für den Westen unterschlagen.

Auch Afrikanist und Kommunikationswissenschaftler Martin Sturmer, Buchautor von „Afrika! Plädoyer für eine differenzierte Berichterstattung", sieht Handlungsbedarf. Für den Gründer der österreichischen Nachrichtenagentur *afrika.info* ist die Afrikaberichterstattung an einem Wendepunkt angelangt: Der klassische Auslandskorrespondent sei ein Auslaufmodell, stattdessen würden afrikanische Journalisten in Zukunft an Bedeutung gewinnen. Von dem Perspektivenwechsel verspricht er sich, dass das journalistische Klischee des Elendskontinents bald der Vergangenheit angehört. Denn die Zusammenarbeit mit Kollegen in Afrika bringe viele Vorteile: sie seien in ihren Heimatländern gut vernetzt, näher an der Bevölkerung, hätten oftmals ein kritisches Verhältnis zur Staatsmacht, hinterfragten PR von Hilfsorganisationen und würden nicht zuletzt durch das Einsparen von Reisebudgets auch den Medienhäusern geringere Kosten bereiten als Korrespondenten aus Deutschland. Er fordert deshalb die Medienhäuser auf, ihre Afrikastrategie zu überdenken.

Wie funktioniert alternative Berichterstattung? Für *Pambazuka News*, wo Nachrichten auf Englisch, Portugiesisch und Französisch publiziert werden, kann jeder schreiben. Aktuell gibt es rund 2500 Mitwirkende rund um den Globus, die – unbezahlt – Geschichten liefern. Dabei werden verschiedenste Themen aufgegriffen, von Menschenrechten bis Kultur. *Pambazuka News* verschreibt sich alternativen Perspektiven, die in den Mainstream-Medien nur selten vermittelt werden. Diskussionsteilnehmer Peter Dörrie, Gründer und Chefredakteur des Nachrichtenportals *AfrikaEcho*, fragte, ob Projekte wie *Pambazuka News* zum Teil dazu beitragen, dass nur so wenige professionelle Journalisten sich verpflichtet fühlen, über afrikanische Länder zu berichten. Denn es sei schwer, in diesem Bereich eine Nische und einen bezahlten Job zu finden – in anderen Teilen der Welt, etwa in China, sei mehr Raum für professionellen Journalismus. So würde ein Großteil der professionellen Journalisten gar nicht erst darüber nachdenken, über Afrika zu berichten. Sturmer sieht bei der Professionalisierung deutscher Newsrooms in dieser Hinsicht wenige Auswege. Die Lösung sei seiner Meinung nach, vermehrt auf afrikanische Journalisten zu setzen.

Wie finanzieren sich alternative Medien?

Auch die Finanzierung der alternativen Nachrichtenagenturen ist ein Thema. Projekte wie *Pambazuka News*, *afrika.info* und *AfrikaEcho* tragen sich bisher nicht selbst, sondern sind auf andere Einkommenswege angewiesen. So erhält *Pambazuka News* eine Förderung von der Mutterorganisation Kofahan, welche verschiedene Sponsoren hat. Es werde zudem angestrebt, zukünftig mehr auf Werbung und Social Media zu setzen. Der Betrieb von *afrika.info* beruht laut Sturmer bisher vor allem auf „persönlicher Leidenschaft“, er wolle künftig aber durch eine Erweiterung des Dienstleitungsangebots, etwa mit interkulturellen Trainingsseminaren, mehr Einnahmen generieren. Das Portal *AfrikaEcho* setzt derzeit auf eine Crowdfunding-Aktion, mit der 15.000 Euro als Anschubfinanzierung gesammelt werden sollen. Hier ist laut Dörrie außerdem geplant, ein Abomodell einzuführen, bei dem jeder Leser auf freiwilliger Basis einen selbst festgelegten Betrag zahlen kann.

Während Nachrichtenseiten wie *Pambazuka News* auf eine Vielzahl unbezahlte Mitarbeiter angewiesen sind, stellt sich die Frage, wie hier eine Qualitätskontrolle gewährleistet werden kann, etwa hinsichtlich PR-Artikeln und Falschmeldungen. Biney erklärt, dass es für die Auswahl der Schreiber und Texte keine ideologischen Kriterien gebe – in der Vergangenheit sei es aber vorgekommen, dass Artikel, beispielsweise mit homophobem Inhalt, abgelehnt wurden. Um Falschmeldungen zu vermeiden, werde versucht, Informationen in den Artikeln zu überprüfen – jedoch fehle oft die Zeit für eine gründliche Redaktion. Hinzu komme, dass die Redakteure in verschieden Ländern sitzen und durch die Mehrsprachigkeit des Portals zum Teil auch auf sprachliche Hindernisse stoßen.

Ein Perspektivenwechsel hin zu Berichterstattung von afrikanischen Journalisten bringt auch Herausforderungen für die Redaktionen hierzulande mit sich. Dörrie ist gespannt, wie *afrika.info* mit dieser Situation umgeht – denn ähnlich wie Journalisten in Deutschland, die wenig über die Realitäten in Afrika wüssten, hätten afrikanische Journalisten wohl kaum Vorstellungen davon, was für Europäer eine Rolle spielt. Sturmer bestätigt, dies sei ein Haupteinwand medialer Abnehmer: Die Nachrichten seien stark aus afrikanischer Perspektive geschrieben und müssten erst für das deutsche Publikum übersetzt werden. Tatsächlich sei dies aber kein Problem: Dadurch, dass die Journalisten vor Ort stark personalisieren, würden die Medien, die die Beiträge veröffentlichen, ihren Eurozentrismus verlieren. Die Leser wüssten dies zu schätzen, die Artikel würden gelesen und stark reflektiert.

Positives Bildmaterial passt nicht ins Klischee

Auch die mit den Artikeln veröffentlichten Bilder haben eine nicht zu unterschätzende Wirkung und beeinflussen die Wahrnehmung Afrikas, wie eine Mediengestalterin im Publikum betonte. Die moderne Seite Afrikas werde fast nie gezeigt, dabei könnten gerade mit Fotos, auch etwa durch Verbreitung in sozialen Netzwerken, eine Menge Leute erreicht werden. Auch die alternativen Nachrichtenagenturen achten auf das mitgelieferte Bildmaterial. *Pambazuka News* bittet ihre Schreiber darum, geeignete Fotos mitzuschicken. Die Korrespondenten von *afrika.info* stellen zu ihren Texten immer Bilder zur Verfügung. Jedoch beobachtet Sturmer, dass diese von den Medien selten angenommen würden. Selbst zu positiven Berichten würden oft negative Bilder gewählt, es seien deutliche Text-Bild-Scheren zu erkennen. Biney verweist auf die ideologisch geprägte Denkart, die viele westliche Journalisten und Medienhäuser immer noch in Bezug auf Afrika hätten. Sie halte sie davon ab, positive Darstellungen auszuwählen. Die meisten

Bilder würden Stereotypen reproduzieren, Afrika „orientalisieren“: immer dunkel, immer anders, mitten im Dschungel.

Ebenfalls problematisch in der Afrikaberichterstattung sind die Begrifflichkeiten, die verwendet werden. Wie ein Mitglied des Fördervereins Deutsch-Kamerunische Universität im Publikum anmerkte, stelle sich etwa die Frage, was der Begriff „Entwicklung“ bedeutet und wie er in den deutschen Medien definiert werde. Biney führte an, dass unter Entwicklung meist eine Entwicklung hin zu westlichen Standards gemeint sei. Stattdessen könne man den Begriff aber auch neu evaluieren, etwa Afrikaner fragen, was Entwicklung für sie bedeute. Sturmer erkennt hier ein Grundproblem der Medien in Deutschland: Alles werde nach europäischen Maßstäben gemessen. Journalisten würden oft europäische Ordnungsgrößen heranziehen, die jedoch für Afrika unzureichend seien. Dabei sei eine Änderung möglich: Insbesondere junge Journalisten, aber auch aufgeschlossene Arrivierte könne man zu einer differenzierten Betrachtung des Kontinents „drehen“. Dies wäre ein wichtiger Schritt in Richtung ausgewogene Berichterstattung, sowohl in den alternativen als auch in den Mainstream-Medien.

Panel 3:
Afrikanische Medien in der Afrikaberichterstattung

Krieg dem Klischee – Warum differenzierte Berichterstattung nicht in unsere Köpfe will

Claus Stäcker

Afrikas Klischees blühen in unseren Köpfen: Im *Ersten* rettet mal wieder ein deutscher Hotelbesitzer direkt an Kapstadts mondäner Waterfront die Welt, oder doch wenigstens die Wirtschaft Südafrikas. Aus jeder Pore atmet er paternalistische, fast missionarische Souveränität aus. Der Mann weiß, was zu tun ist. Und dankbar schauen die afrikanischen Angestellten zu ihm auf. Endlich einer, der uns zeigt, wo es lang geht. Ausgebremst höchstens durch sperrige Regierungsbeamte, die entweder unwissend oder korrupt sind. Würze bekommt der Plot durch einen Nebenbuhler, ebenfalls weiß, der direkt in Khaki-Uniform und Landrover im Hafen von Kapstadt anrollt. Sein nicht näher definierter Naturpark in der Savanne, hat man den Eindruck, fängt gleich hinter dem Wirtschaftseingang an. Dem Dreh-Team ist es tatsächlich gelungen, auf 20 Quadratmetern handzahme Giraffen, Kudus, Gnus und Springbockantilopen zusammenzutreiben.

Der Hoteldirektor kann in den Skripten wahlweise auch zum Tierarzt, Piloten oder Pfarrer werden. Meist verliebt sich eine ausgewanderte, frisch geschiedene oder verwitwete alte Bekannte (weiß, deutsch) in ihn, den Aussteiger. Den weißen Helden stehen unverzichtbare, dankbare schwarze Geister zur Seite. Sie sorgen für Lokalkolorit, ein bisschen Voodoo und Knochenwerfen. Im besten Fall sind Sprache und Lokalkompetenz lebensrettend. In die höhere Hierarchie der Filmhelden steigen sie in der Regel nicht auf. Nicht mal als Liebhaber taugen sie, die dunkler pigmentierten Akteure. Und wenn doch, dann ist das ein sicheres Indiz, dass es sich um einen außergewöhnlich anspruchsvollen Film handelt.

Ich bin viele Jahre von der *ARD*, also den deutschen Gebührenzahlern bezahlt worden, um als Korrespondent ein Afrikabild mitzugestalten, habe versucht, wie unzählige andere Kollegen, tagtäglich gegen diese Klischees anzuarbeiten. Und doch muss ich nach vielen Jahren „im Feld“ konzedieren – der Kampf war *nicht* von Erfolg gekrönt.

(Stäcker zeigt das satirisches Musikvideo „Radi Aid – Radiator for Norway“, in dem Afrikaner aufgefordert werden, Heizkörper für frierende Norweger zu spenden.)

Ein amüsantes Video, das sich vergleichsweise viral verbreitet hat – mit rund zwei Millionen Klicks ist es tatsächlich zum globalen Hit geworden. Eine herrliche Parodie auf die Mitleidsmaschinerie, die unablässig für Afrika läuft, dem Kontinent aber wenig hilft. Ich hätte Ihnen andere Beispiele bringen können, etwa das südafrikanische Kult-Duo Die Antwoord, das eine schön zynische, aber doch auch hart an der FSK-18-Grenze schrammende Videopersiflage auf Lady Gaga in Johannesburg gedreht hat, die in dieselbe Richtung zielt. Dumm hier nur: Auch Die Antwoord hat mit Klischees zu kämpfen: In ihrem Heimatland Südafrika. Das international erfolgreiche Musikerpaar ist weiß und verkörpert eine weiße, letztlich europäisch determinierte und kontextualisierte Trash-Kultur.

Made in Africa, und doch nicht afrikanisch – ein Thema, das man auch nicht auslassen kann: Klischees sind nämlich global und kein europäisches und schon gar kein deutsches Phänomen.

Ein weißer Afrikaner ist in den meisten afrikanischen Kulturen und Sprachen nicht vorgesehen. Man ist „Umlungu“ und „Wazungu“ – und das ist fast immer gleichbedeutend mit „Fremder“ und gleichzusetzen mit „un-afrikanisch“. Mir hat ein hochgescheiter simbabwischer Farmer, einer der größten Exporteure und Devisenbringer des Landes, nach seiner gesetzlosen und völlig willkürlichen Enteignung vor dem finanziellen Ruin, erklärt: „Wir werden in Afrika immer Gäste sein.“ Die Familie des Mannes war hugenottisch, im 17. Jahrhundert aus Frankreich geflohen, in der siebten Generation in Afrika. Aber immer noch kein Afrikaner. Auch das ist ein kleiner Denkimpuls für unsere Diskussion. Klischees gibt es auf allen Seiten. Und zwar existenzielle.

(Stäcker zeigt ein Foto. Darauf: ein junges Liebespaar, er weiß, sie schwarz, mit freiem Oberkörper, eng umschlungen – ein Werbeposter der Studentenorganisation DASO, der liberalen, bis heute eher weißen Oppositionspartei Democratic Alliance.)

DASO wollte eine Debatte über Multikultur und Toleranz anstoßen und hat das – das kann ich Ihnen versichern – erreicht. In Deutschland findet dieses Foto wohl niemand besonders anstößig oder kontrovers. In Südafrika hätte es fast offene Straßenkämpfe ausgelöst. Kirchen, weiß wie schwarz, empörten sich über die unzüchtige und sexualisierte Botschaft. Der Gewerkschaftsdachverband COSATU hatte einen anderen Kritikpunkt: Nicht die nackte Haut stieß ihm auf. Auch über die interkulturelle Beziehung mokierte sich die Gewerkschaft nicht. Das hätte gegen ihre Statuten verstoßen. Stein des Anstoßes war, dass hier eine schwarze junge

Frau zu einem weißen jungen Mann aufschaut. Hier seien koloniale Rollenmuster propagiert worden, lautete der Vorwurf.

In der folgenden heftigen, mitunter auch sehr kreativen, Schwarz-Weiß-Debatte, kam die berechtigte Gegenfrage auf, ob eine weiße Frau, die zu einem schwarzen Mann aufschaut, für die Gewerkschaft in Ordnung gewesen wäre. Oder ein gemischtes homosexuelles Paar. Oder ob es schon gereicht hätte, wenn die schwarze Frau größer ist als der Mann, also *er* zu *ihr* hinauf schmachtet. Diese Frage wurde nicht beantwortet. Ich will nicht verhehlen, dass mich die Debatte irritiert hat – wie auch die generelle Aussage vieler junger Leute, dass Afrikaner eher gemischte Ehen in Südafrika akzeptieren als weiße Familien. Vorbehalte gibt es aber auf allen Seiten. Und die Geschichte hat eine Pointe: Die Bilder stammten von einer britischen Fotoagentur. Und die Hauptakteure – so wird aus den anderen Bildern der Serie deutlich – haben sich beim Shooting auch bei weitaus intimeren Szenen bestens verstanden. Vor allem aber sind sie: nicht südafrikanisch.

Klischees sind global, auch koloniale Klischees. Dafür könnte ich aus meiner Korrespondentenzeit unzählige Beispiele nennen. Die Fußball-Weltmeisterschaft 2010, die für einen Afrikakorrespondenten eine goldene Möglichkeit war – mit Omnipräsenz und maximaler Verbreitung – könnte ein Lehrbeispiel sein. Wie kritisch wurde Südafrika im Vorfeld beobachtet? In Dutzenden Interviews und Kollegengesprächen on-air wurde ich immer wieder mit denselben Stereotypen konfrontiert. Die Antwort auf die Standardfrage, werden die Stadien rechtzeitig fertig, hätte ich als CD verschicken können. Sie hat sich in zwei Jahren intensiver Vorberichterstattung, in der ich über alle Probleme berichtet, aber nie auch nur ein einziges Mal den rechtzeitigen Bauabschluss in Frage gestellt habe, nie verändert. Vielleicht kann man den *Deutschlandfunk* oder einige Info-Programme, die sich eine Fortschreibung, eine chronistische Berichterstattung geleistet haben, ausnehmen.

Dort wurde eben auch über Baufortschritte berichtet und die Vorbereitung der WM in allen Facetten dargestellt. Bei den populären Massenprogrammen war das nicht der Fall. Zwischenzeitlich kam ich mir vor, wie der Pressesprecher der FIFA, weil ich die WM schönzureden hatte und das Negativ-Klischee zu entkräften. Denn all diesen Vorurteilen lag ja eine unausgesprochene, überhebliche, durchaus rassistische Behauptung zugrunde: „Ihr packt es nicht, ihr Afrikaner" – ich könnte auch sagen, wie vor 100 Jahren: „Ihr Primitiven".

Südafrikas schärfste Feder, der Karikaturist, Jonathan Shapiro, alias Zapiro, hat die westlichen Vorurteile aufs Korn genommen. Es lohnt sich, Zapiros Cartoons mal zu firefoxen (beispielsweise die WM-Karikatur). Und dennoch war die WM eine goldene Chance für Südafrika und auch für die Afrikakorrespondenten, die Vielgestaltigkeit des Landes, ja des ganzen Kontinents aufzuzeigen. Südafrika ist die Imagepolitur gelungen, den Korrespondenten nur zum Teil. Als Erfolg würde ich werten, dass das Echo aus den Heimatredaktionen nach einer Woche farbenfroher, weitgehend pannenfreier WM-Endrunde plötzlich ins Euphorische kippte: Südafrika wurde zum afrikanischen Wunderland, zum technischen Giganten, zum Fortschrittsmotor des Kontinents mit lauter fröhlichen, toleranten Menschen und ein paar kleineren, zu vernachlässigenden Herausforderungen. Der Korrespondent rieb sich die Augen und wurde vom FIFA-Pressesprecher urplötzlich zum Rufer in der Wüste: Seine „Ja, aber"-Rufe verhallten jetzt ungehört. „Die sozialen Probleme Südafrikas, wie schon vor der WM erwähnt, sind nicht gelöst. Sie haben sich aufgestaut und werden nach der WM ..." – aber da schalteten die Redaktionen in Deutschland schon innerlich ab.

Als generelle Erfahrung des Afrikaberichterstatters kann ich dem Podium mitteilen: Klischees werden gern gehört. Stelle ich Afrikas berüchtigte 4 oder 5 K's heraus, verkaufen sich die Geschichten besser. Vor der WM bedienten sie vor allem freie Kollegen, die das Land häufig zum ersten Mal besuchten und schon aus wirtschaftlichen Gründen ihre Geschichten mit einem „sexy angle" oder einem reißerischen Aufmacher verkaufen mussten. Tiefpunkt war ein von brennenden Barrikaden und kränkelnden Kindern im Township dominierter Fernsehbericht in der populärsten deutschen Sportsendung. Der zugeschaltete Korrespondent musste den Bericht dementieren, ohne seinen Kollegen zu demontieren. Ein diplomatischer Eiertanz, live im deutschen Fernsehen.

Den Berichten der eingeflogenen Fallschirm-Kollegen fehlte es an Einordnung, Gewichtung, Relativierung – die vornehmsten Aufgaben des Korrespondenten. Es war ja nicht alles falsch, was sie zusammentrugen. Leider bestätigt Afrika ja seine K-Stereotype auch beinahe täglich. Wenn dann ein anerkannter „Bösewicht" wie Robert Mugabe ausnahmsweise mal etwas Wahres verkündet, etwa zu den angespannten Beziehungen zu Großbritannien, dringt der Außenexperte in den Heimatredaktionen damit nicht vor. Denn zuvor hatte Mugabe Dutzende Mal holzschnittartig seinen schlechten Ruf bestätigt.

Was kann man nun tun gegen diese Klischees? Natürlich aufklären, nicht nachlassen, dagegen anarbeiten. Aber nur noch „good news" zu verbreiten, kann auch nicht die Lösung sein. In Europa, das durch zahlreiche, bittere Kriege und gesellschaftliche Epochen gegangen ist, bis es zu einem weithin akzeptierten journalistischen Berufsethos fand – einem toleranten, weltoffenen, hassfreien und liberalen Mainstream-Weltbild – wird heute die verheerende Wirkung jahrhundertelangen Kolonialismus und Paternalismus völlig unterschätzt. Beide haben unter den Afrikanern tiefe sozio-psychologische Folgen hinterlassen – ein im Mark erschüttertes Selbstbewusstsein, das sich seit den 1960er Jahren (und allerlei mehr oder minder geglückten gesellschaftlichen Experimenten) gerade erst zu bilden beginnt. Vor 100 Jahren war der Afrikaner in der europäischen Darstellung der „Wilde", der

„Buschneger", der „Primitive". Der Europäer, ob Missionar, Kaufmann oder Soldat, hatte immer den Fortschritt an seiner Seite.

Unterschwellig lebt dieses Klischee weiterhin fort, davon bin ich überzeugt. Schauen Sie sich alte Kinderbücher an, bis hin zu Astrid Lindgren. Oder alte *Tagesschau*-Ausgaben mit Dagmar Berghoff, die Martin Luther King noch als „Negerführer" ankündigte. Die letzte und ätzendste Form der Kolonialisierung war das Apartheid-Regime in Südafrika, das auf der Vorrangstellung der „weißen Rasse" fußte. Es endete erst 1994. Denken Sie an eine populäre deutsche Fürstin, die ungestraft das rassistische Klischee der afrikanischen Promiskuität im deutschen Fernsehen verbreiten durfte: „Der Afrikaner schnackselt halt gern." Das war 2001!

Klischees sind global – es gibt „Schlitzaugen" und „Schlitzohren", aber der semantische Unterschied ist gewaltig. Es gibt auch „Langnasen" und „Ungläubige", auch das keineswegs schmeichelhafte Stereotype – diesmal für uns.

Klischees sind beliebt und so schwer zu bekämpfen, weil sie Orientierung geben – mit bestätigten Stereotypen kann man es sich behaglich machen und besser in der Welt zurechtfinden. Man wird vor Überraschungen geschützt und kann sich zurücklehnen, gerade in Krisenzeiten wie diesen. Man packt einen Altkleidersack zusammen, spendet für die Welthungerhilfe und lehnt sich guten Gewissens zurück.

In meinen Augen ist sogar die jahrzehntelang weitgehend unhinterfragte Entwicklungshilfe, die neuerdings Entwicklungs-Zusammenarbeit (EZ) heißt, der letzte paternalistische, post-koloniale Akt der Vereinnahmung. Heute sind es oft die Geländewagenflotten der NGOs und die AGBs der halbstaatlichen EZ-Industrie, die den Afrikanern den Rahmen vorschreiben.

Afrika muss dem selbst begegnen! Ob mit schrillen Popvideos wie Die Antwoord, mit humorvollen Comedians oder bitterbösen Satiren. Auch auf dem diplomatischen Parkett. In Handelsabkommen. Mit klaren Ansagen. Einer konsequenten Positionsbestimmung und einem diversifizierten Herangehen bei der Auswahl von Partnern, wie das zuletzt durchaus passiert ist – wenngleich mit einer etwas einseitigen Ausrichtung nach China.

Großevents wie die Fußball-WM 2010 rücken manches schiefe Bild gerade – ohne therapeutische Wirkung allerdings. Nicht die afrikanischen Mitarbeiter/Stringer können das Medienbild ändern. Wir sind auf sie angewiesen und ohne sie geht gar nichts. Aber es sind die deutschen Korrespondenten, die stark genug sein müssen für eine heterogene Berichterstattung, die die Heimatredaktionen ihnen nicht abverlangen. Sie müssen den Diskurs suchen, die abnehmenden Redakteure überzeugen, bombardieren, mitnehmen, begeistern, anstecken, ihnen auf die Nerven gehen, sich unbeliebt machen – jeden Tags aufs Neue. Das ist anstrengend!

Die Rechnung „Mehr Stringer" gleich „Mehr Afrika" in Deutschland wird meines Erachtens nicht aufgehen. Wir müssen Afrika ins Bewusstsein rücken, weil es notwendig ist. Durchaus aus Eigennutz. Beispiel Migration: Unsere Alterspyramide ist bekannt, der demografische Wandel. Der Migrationsdruck wird sich enorm erhöhen in den nächsten 20 Jahren – schon 2020 werden wir mit 500 Millionen Afrikanern im besten Arbeitsalter konfrontiert sein, die auf ihrem eigenen Kontinent nur vage Perspektiven haben. Wir brauchen viele von ihnen und werden sie akzeptieren und verstehen müssen. Ob wir wollen oder nicht. Wie lange ertragen wir die Schuhberge der ertrunkenen Flüchtlinge an den spanischen Küsten, die kenternden Boote, die unhaltbaren Zustände auf Lampedusa? Die Gestrandeten auf den europäischen Bahnhöfen?

Für den Korrespondenten heißt das im Alltag zähes Ringen um Themen, überzeugen, überraschen, Kritik einstecken, wiederversuchen. Man kann auch mit Klischees spielen, um sie zu brechen. Eine Methode, die sehr gängig ist.

Aber es wird ein schwerer Kampf, angesichts der Ausdünnung der Korrespondentennetze, der Regionalisierung und Trivialisierung der Inhalte. Differenzierte Berichterstattung geht schwer in unsere Köpfe!

Hoffnung macht mir die neue vernetzte, und auch vor Afrika nicht halt machende Medienwelt: Die *netizens*, die tausenden Blogger und Sozialnetzwerker, die gebildet, technikaffin und emanzipiert denken, in Afrika nicht anders als anderswo. Längst bilden sie neue globale Netzwerke, die unabhängig von traditionellen Medienhäusern, Plattformen und Institutionen funktionieren – und in denen schon in ihrer Anlage die Beteiligten gleichberechtigt im Umgang sind: Auf Augenhöhe. Sie haben jetzt Zugang zur Medienwelt und können ihre eigene Geschichte erzählen. Guten Journalismus, solides Handwerk und die Brechung für ein deutsches Publikum ersetzen sie freilich nicht.

Massa-Servant – Africa and the mass media

Japheth Omajuwa

Most of the time Africa finds itself in the Western news only when it fits into a hole that had been created for it or only when it fits a Western agenda. A veteran British journalist said at a journalists' workshop in Abuja: Nigeria only gets in the British media when it is a bad news. Are we saying there is no good news out of Nigeria? Recently on *France 24* all one could see was a "criminal" Ubutu Kenyatta who was escaping trial at The Hague and the "crisis" in Togo. These two fit into an age-long box of a "people who cannot do right by themselves except with a helping hand."

The West pushes the story of an Africa that depends on and continues to need aid, but the reality of the continent shows that the people would be better off with trade. If we continue to fit Africa into this limiting box of foreign aid, poverty, diseases, criminal dictators, famine etc., we will deprive citizens in the Northern hemisphere of experiencing the true reality of Africa: A continent that is fast changing and evolving as the world's last frontier of development. We will deprive them of knowing that change is sweeping through the continent and that the continent is fast rising above western stereotypes and agendas.

Today we have special programs on the major news platforms dedicated to progress in Africa e. g. *CNN's* "African Voices" and the *BBC's* "African Dream", a series about successful African entrepreneurs. Despite these, Kenyans had to create #SomeoneTellCNN on social media to set the record straight against an alarming *CNN* report about a non-existing "Violance in Kenya" flash. BBC's "Welcome to Lagos" documentary captured a seamy micro-reality of life in Lagos, but it was presented as the norm. It would be fair to have a follow-up "welcome to Lagos" that depicts a city on the up.

Having said this, a generalization of calling several unique media platforms as "western media" is as guilty of a wrong profiling as a generalization of 54 countries into one reality. Which reports could be achieved by the African journalists themselves in order for more positive news to reach Europe? It is not as much as the report as it is about the vessel to take the report to Europe. There are many reports of Africa that reflect a continent on the rise but most of these will remain limited to African audiences: There is a burgeoning population of young people in Africa who are beginning to show more than enough passive interest in politics and governance. There is a growing population of Nigerians returning home to Nigeria because unlike before, their homeland in some cases holds a lot more promise than the erstwhile "greener pastures" they sought abroad.

The African diaspora sent home 60.4 billion Dollars in 2012. There certainly has to be a story about how this money was made. It must have taken a lot of productive activities for the diaspora of a so-called poor continent to generate 60 billion Dollars, especially when it costs more to send money to Africa than anywhere else.

40 per cent of Africans live in urban centers. It is 45 per cent in China and 30 per cent in India. This shows that there is indeed a growing middle class that is attracting investment in consumer goods and increasingly luxury goods.

There is a growing culture of Africa enjoying Africa's culture. Nigerian movies are more popular in some African countries than Hollywood movies. This did not use to be the case.

Diseases and poverty are no longer the norm. There is still hunger just as there is prosperity. All we need is a balanced story that tells the whole African experience rather than an experience that is too lopsided to the left or one too lopsided to the right.

You will never truly know Africa until you see and meet Africa for yourself. As long as we don't see Africa through the eyes of Africans we will continue to see an illusion of the real Africa.

Zusammenfassung des dritten Panels: Afrikanische Medien in der Afrikaberichterstattung

Nike Laurenz

Mittwochnacht, 00.15 Uhr – die Anfangsmusik des Nachtmagazins der „Tagesschau“ ertönt. Eine Nachricht in dieser Ausgabe: Homosexuelle sind in Afrika in großem Maße Gewalt ausgesetzt. Das ist das Ergebnis eines Berichts von Amnesty International. Über Hetze und Diskriminierung vor Ort berichtet der Deutsche Thomas Denzel aus dem *ARD*-Studio Johannesburg: Er hat afrikanische Homosexuelle begleitet, lässt sie vor der Kamera sprechen, fängt ihre Eindrücke ein, indem er sie in ihrem Alltag zeigt, sie dabei immer wieder zu Wort kommen lässt. Doch: Die Produktion des Beitrages liegt nicht in den Händen afrikanischer Medien. Afrikaner sind zu sehen, doch für den Inhalt der Berichterstattung ist letztendlich die *ARD* zuständig und verantwortlich. Sie informiert über die Afrikaner – aber nicht direkt mit ihnen.

Welche Beiträge könnte der afrikanische Journalismus selbst leisten, damit mehr (positive) Nachrichten Europa erreichen? Wie kann es gelingen, die Hintergründe der Berichterstattung transparenter zu gestalten, um etwa die Rolle der afrikanischen Zulieferer zu stärken – und die der deutschen Korrespondenten zu verdeutlichen? Eine Diskussion dieser Fragen fand in Panel drei der Fachtagung „Afrika 3.0“ statt. Auf dem Podium saßen Diskussionsleiter Bernd Ludemann (Chefredakteur *welt-sichten*) sowie die Referenten Claus Stäcker (Leiter der Afrika-Programme der *Deutschen Welle*) und Japheth Omojuwa (Journalist und Blogger aus Nigeria).

Ein Arm ist kein Körper

Omojuwa, unter anderem Autor für die größte Tageszeitung Nigerias, *The Punch*, machte gleich zu Beginn seines Vortrages deutlich, dass die Berichterstattung aus Deutschland über afrikanische Themen nicht funktioniere: „Man kann einen Teil des Ganzen nicht als Ganzes präsentieren", sagte er, fasste sich an den Arm und fügte hinzu: „Dieser Arm ist auch nur ein Teil des Körpers, ohne den Rest des Körpers ist er nicht viel wert." Der deutschen Berichterstattung über Afrika mangele es an Ausgewogenheit, konstatierte Omojuwa. Zwar habe Afrika auch schlechte, gefährliche Seiten, doch neben den Meldungen über diese gelte es auch, über die anderen Teile der „großen Geschichte" zu informieren. Afrika sei nicht nur ein einziges Land, sondern viele unterschiedliche Länder, jedes mit einer eigenen Geschichte. Mehrmals verdeutlichte Japheth Omojuwa: „Bei der Materialauswahl zur Berichterstattung muss eine Balance gefunden werden, die beide Seiten – negativ *und* positiv – angemessen darstellt".

Der studierte Agrarwissenschaftler Omojuwa verfügt über viele Erfahrungen im journalistischen Berufsfeld: Als Blogger hat er sich in Afrika einen Namen gemacht, immer wieder stößt er öffentliche Diskussionen an und trägt so dazu bei, dass sich mehr Bürger des Kontinents für die Auseinandersetzung mit afrikanischer Politik engagieren. Zudem ist er Stammgast in vielen Radio- und Fernsehsendungen im Westen des Kontinents.

„Afrika erwartet nicht viel"

Im ersten Vortrag des Panels verwies Omojuwa auch auf die Sichtweise afrikanischer Menschen auf ihre deutschen Kollegen: „Afrika erwartet nicht viel von Deutschland." Viele Journalisten arbeiteten nicht vor Ort, sondern von Deutschland aus, doch: „Man wird niemals in der Lage sein, afrikanische Geschichten zu erzählen, wenn man noch nie am Ort dieser Geschichten gewesen ist." Wichtig sei es außerdem, die Afrikaner selbst erzählen zu lassen. Nicht der Korrespondent habe afrikanische Themen zu bewerten, die Stimmen einzelner Afrikaner sollten mehr Gewichtung in den deutschen Nachrichten finden. „Man sollte ihnen helfen, zu sagen, was sie zu sagen haben. Es ist nicht schwer: Man muss vielen von ihnen nur ein Mikrofon vor den Mund halten, und schon sind sie bereit, von ihrem Land zu berichten." Denn nur was aus diesen Mündern komme, sagte Omojuwa, sei leidenschaftlich und natürlich.

Berichterstattung für den Profit?

Ein wesentliches Interesse deutscher Afrikaberichterstatter sei der Profit, so Omojuwa. Sei die Firma Shell der größte Werbekunde im eigenen Medienhaus, sähe man als deutscher Journalist wahrscheinlich nur wenig Wichtigkeit darin, über die Ölpest im Nigerdelta zu schreiben. Spreche man also über die schlechten Seiten Afrikas – Katastrophen, Kriege, Korruption – dann laufe selbst das nicht immer unter Bedingungen ab, unter denen die Geschehnisse neutral und möglichst objektiv dargestellt würden.

Dabei bestehe durchaus die Möglichkeit, als deutsches Medienunternehmen enger mit Afrikanern zusammenzuarbeiten. Entgegen des in der deutschen Gesellschaft vorherrschenden Afrikabildes, das den Gedanken an gebildete Menschen auf dem Kontinent nur selten zulasse, gebe es Gelehrte: In Teilen Afrikas funktioniere die Bildung gut, sagte Omojuwa. „Es gibt Gesundheit. Es gibt Wohlstand."

Plattformen als Lösungen

Insgesamt finde seiner Meinung nach zu wenig Berichterstattung über die positiven Seiten des Kontinents statt – und die über die schlechten Seiten sei, wie bereits beschrieben, nicht objektiv genug. Deutsche Medien berichteten überwiegend über, nicht *mit* Afrikanern. Die Lösung: „Es müsste Plattformen geben, auf denen Afrika die Chance hat, sich selbst zu präsentieren." Afrika könne für sich selbst verantwortlich sein, müsse die „Geschichte der Diversität" selbstbestimmt erzählen. Auf solchen Plattformen könnten deutsche Medien dann recherchieren, sich an Informationen der Afrikaner bedienen und so die eigene Berichterstattung deutlich verändern und bereichern.

„Differenzierung inmitten der Klischees ist schwer"

Ob sich deutsche Medien tatsächlich mit dem Material dieser Plattformen beschäftigen würden, darf jedoch bezweifelt werden: Das verdeutlichte Claus Stäcker, Leiter der Afrika-Programme der *Deutschen Welle*, in seinem anschließenden Vortrag „Krieg dem Klischee". Differenzierte Berichterstattung, wie Japheth Omojuwa sie in seinen Ausführungen forderte, wolle nicht in unsere Köpfe, so Stäcker: Dort blühten Klischees, gegen die man kaum anarbeiten könne: „Ich bin viele Jahre von der *ARD*, also den deutschen Gebührenzahlern bezahlt worden, um als Korrespondent ein Afrikabild mitzugestalten. Und doch muss ich nach vielen Jahren ‚im Feld' konzedieren – der Kampf war nicht von Erfolg gekrönt".

Stäcker, der als Stipendiat der RIAS Berlin Kommission die School of Journalism der University of Columbia besuchte und anschließend ein Praktikum bei *CNN* absolvierte, zog es beruflich oft nach Südafrika. Zunächst übernahm er ab 2011 Vertretungen für *ARD*-Korrespondenten, 2008 trat Stäcker offiziell den Korrespondentenplatz für das südliche Afrika in Johannesburg an.

Kein deutsches, sondern ein globales Phänomen

In den vergangen Jahrzehnten hat Stäcker gelernt: „Klischees sind global und kein europäisches oder gar deutsches Phänomen." Dafür könne er viele Beispiele aus seiner eigenen Arbeit nennen, unter anderem die Fußball-Weltmeisterschaft 2010. „In Dutzenden Interviews und Kollegengesprächen on-air wurde ich immer wieder mit denselben Stereotypen konfrontiert. Die Antwort auf die Standardfrage, werden die Stadien rechtzeitig fertig, hätte ich als CD verschicken können. Zwischenzeitlich kam ich mir vor wie der Pressesprecher der FIFA, weil ich die WM schönzureden hatte und das Negativ-Klischee zu entkräften. Denn all diesen Vorurteilen lag ja eine unausgesprochene, überhebliche, durchaus rassistische Behauptung zugrunde – ‚Ihr packt es nicht, ihr Afrikaner'".

Aufklärung hat etwas mit Humor zu tun

Eine Möglichkeit sei: Aufklärung. „Man darf nicht nachlassen, muss gegen diese Klischees arbeiten", sagte Stäcker. Afrika müsse ihnen aber auch selbst begegnen. „Auch auf dem diplomatischen Parkett. Mit klaren Ansagen." Eine konsequente Positionsbestimmung sei nötig, mit einem diversifizierten Herangehen bei der Auswahl von Partnern. Dabei gelte: Nur noch „good news" zu verbreiten, sei auch nicht Sinn der Sache.

Deutlich setzte sich Claus Stäcker von Japheth Omojuwas Standpunkt ab. Anders als Omojuwa es forderte, glaubt Stäcker nicht daran, dass die Berichterstattung über Afrika hauptsächlich durch die Afrikaner selbst erfolgen sollte. „Wir sind auf sie angewiesen und ohne sie geht gar nichts. Aber es sind die deutschen Korrespondenten, die stark genug sein müssen für eine heterogene Berichterstattung. Sie müssen den Diskurs suchen, die abnehmenden Redakteure überzeugen, bombardieren, mitnehmen, begeistern, anstecken, ihnen auf die Nerven gehen, sich auch mal unbeliebt machen – jeden Tags aufs Neue. Das ist anstrengend."

Ringen um Themen

Im beruflichen Alltag bedeute dies für den Korrespondenten konkret, um Themen ringen, überraschen und überzeugen und vor allem Kritik einstecken zu müssen. Man könne auch mit Klischees spielen, um sie zu brechen. Aber das werde ein schwerer Kampf angesichts der Ausdünnung der Korrespondentennetze, der Regionalisierung und der Trivialisierung der Inhalte. Hoffnung mache die neue Welt der Blogger, die auch in Afrika existiere und die Chancen für Afrikaner eröffne, ihre eigene Geschichte zu erzählen.

Lebhafte Diskussion

Im Anschluss an die beiden inhaltlich unterschiedlichen Vorträge der Experten entstand im Panel eine lebhafte Diskussion zwischen Vortragenden und Teilnehmern. Besonders die beiden Vortragenden selbst – Omojuwa und Stäcker – tauschten sich über ihre Ansichten bezüglich der afrikanischen Perspektive auf deutsche Medien aus.

„Finden Sie denn nicht, dass die Afrikaner in einer besseren Position sind, über das Land zu berichten, als die Deutschen – weil sie die Bedingungen vor Ort wahrhaftig kennen?“, fragte Japheth Omojuwa den *ARD*-Korrespondenten. „Das sehe ich genauso wie Sie“, antwortete Stäcker. „Ich sage ja auch nicht, dass ich keine afrikanischen Stimmen in meiner Recherche zulasse. Aber es wäre naiv, zu denken, dass nur Afrikaner die afrikanische Kultur verstehen. Es ist die Aufgabe von uns deutschen Journalisten, als Vermittler der Kulturen aufzutreten und den Stimmen der Afrikaner ein Gehör zu geben, das sie sonst nicht hätten.“

Journalistik-Studentin Nele Posthausen stellte fest: „Wichtig ist, dass man als Journalist kennzeichnet, woher man seine Quellen hat. Man muss offenlegen, wenn man Informationen von Einheimischen benutzt, um auch nach außen deutlich zu machen, wie sehr die helfen können.“ Viele Journalisten würden sich bei Afrikanern über ein Ereignis informieren, aber nicht preisgeben, dass sie ihre eigene Einschätzung zu diesem Ereignis nicht ohne die fremde Hilfe erstellen konnten.

Eine afrikanische Journalistin äußerte ihre Gedanken zu dieser Forderung: „Wenn ich etwas lese, dann ist mir doch egal, von *wem* es ist. Es geht mir darum, dass es objektiv ist. Und wenn es das ist, wenn der Inhalt wahr ist, dann ist gleichgültig, ob dieser Inhalt von einem Deutschen oder von einem Afrikaner produziert wurde.“ Leider sei das, was die Menschen interessiere, oft das Negative.

„Ich vertraue meinen Korris“

Claus Stäcker beschrieb in diesem Zusammenhang das Verhältnis unter den deutschen Auslandskorrespondenten. „Ich vertraue meinen Korris“, sagte er. „Wir sind Freunde. Natürlich würden wir uns alle niemals etwas von einem Ausländer erzählen lassen und dies anschließend als unsere eigene Perspektive verkaufen.“ Deutlich ging er auch auf die Forderung einiger Panel-Teilnehmer ein, deutsche Medien sollten mehr oder gar hauptsächlich über die positiven Seiten des Kontinents berichten. „Das ist nicht möglich. Wenn ich als Journalist nur über positive Dinge schreiben würde, wäre ich kein Journalist mehr.“ Jeder habe das Recht, über kritische Situationen in einem Land zu berichten. Dass persönliche Perspektiven Teil der Berichterstattung sind, sei selbstverständlich – und würde auch passieren, wenn afrikanische Medien über Deutschland berichten, sagte Stäcker abschließend.

Panel 4:
Medien und Hilfsorganisationen

Die Chancen der Symbiose zwischen Hilfsorganisationen und Journalisten in der Afrikaberichterstattung

Stefan Ewers

Einleitung

Journalisten arbeiten oft eng mit Hilfsorganisationen zusammen. Medien übernehmen ungeprüft Pressemitteilungen von NGOs. Doch welche Risiken birgt und welche Chancen bringt diese Symbiose von Journalisten und Hilfsorganisationen?

„Symbiose" bezeichnet die Vergesellschaftung von Individuen unterschiedlicher Art, die für beide Seiten vorteilhaft – oder zumindest für keine Seite von Nachteil – ist. Sie ist ein Oberbegriff für verschiedene Stufen des Zusammenlebens. Zwar kann man Journalisten und NGOs bestimmt als „Individuen unterschiedlicher Art" bezeichnen. Aber es würde sicherlich niemand behaupten, dass hier eine „Eusymbiose" vorliegt, das heißt, dass NGOs und Journalisten alleine oder ohne einander nicht lebensfähig wären. Auch einen „Mutualismus", die regelmäßige, aber nicht lebensnotwendige Kooperation, können wir wohl ausschließen, da der Anteil von NGO-Projekten, über die Journalisten regelmäßig ungeprüft Meldungen übernehmen, doch sehr gering ausfallen dürfte. Aus Sicht von NGOs jedenfalls würde man sich sicherlich lieber mehr als weniger Meldungen zur eigenen Arbeit wünschen. Als dritte Form der Symbiose wäre nun noch die sogenannte „Protokooperation" zu untersuchen: Beide Individuen ziehen Vorteile aus der Zusammenarbeit – könnten aber auch alleine gut leben.

Zusammenarbeit in der Katastrophe

In der Katastrophenberichterstattung gehen Medien und Hilfsorganisationen tatsächlich oft eine enge Beziehung ein. Beide möchten für ihre Zwecke ein möglichst großes Echo erzielen. Bei der Katastrophenberichterstattung werden häufig unvorhergesehene und abrupt auftauchende Phänomene als Gründe in den Vordergrund gestellt. Bei einer Hungerkatastrophe – bei der die Ursachen jedoch meist äußerst komplex sind – wird so in der Berichterstattung vorzugsweise auf klimatische Bedingungen und Naturgewalten verwiesen. Dass beispielsweise Nahrungsmittelspekulationen oder *land-grabbing* in Zeiten einer Hungersnot zusätzliche gravierende Auswirkungen haben, wird oft nicht ausreichend thematisiert. Solche Ursachen werden von den vor Ort agierenden und in der Thematik geschulten Hilfsorganisationen – im direkten Gespräch mit Journalisten oder auch in Pressemitteilungen – üblicherweise auch benannt und erläutert. Ein Problem jedoch ist, dass die Medien zur Veröffentlichung meist nur eine selektierte Auswahl übernehmen und dazu tendieren, den Fokus auf die „spektakuläreren" Phänomene zu richten. Die Erläuterungen der komplexen Zusammenhänge, in diesem Beispiel „Nahrungsmittelspekulationen", werden dagegen seltener übernommen. Dies geschieht vielleicht gerade aus dem Grund, da dies eine anspruchsvolle und teils schwierige Überprüfung erforderlich machen würde. Diese ist in der ersten Phase der Katastrophe jedoch häufig unter dem großen Zeitdruck kaum zu bewältigen.

Wo liegt aus NGO-Perspektive das Risiko in der Zusammenarbeit mit den Medien?

Klar ist, dass NGOs die zusätzliche Öffentlichkeit in den Medien sehr begrüßen, wenn sie die eigene anwaltschaftliche Tätigkeit und Bildungsarbeit der Hilfsorganisationen unterstützt. NGOs benötigen Spendengelder, um schnell und effizient Hilfe leisten zu können. Journalistische Beiträge in allen Medien sensibilisieren die Öffentlichkeit für die Arbeit von NGOs. Das ist eine wichtige Voraussetzung für das Einwerben der benötigten Mittel.

Gleichzeitig findet Berichterstattung über Entwicklungspolitik immer weniger Raum. Medien müssen aufgrund der finanziellen und personellen Engpässe mehr Inhalte „einkaufen" und die Themensetzung an der Quote orientieren. So lassen sich viele wichtige Themen nur – oder zumindest viel besser – in Verbindung mit deutschen Prominenten umsetzen, TV-Dokumentationen werden nur zu später Stunde gesendet, Zeitungen verbreiten lieber Lokalnews über einen Kuchenverkauf für Mali als eine Reportage über Mali selbst.

Für viele dieser Beiträge müssen Journalisten auf Vorarbeiten von NGOs zurückgreifen. Manchmal ist ja nur noch ein einziger Korrespondent für einen ganzen Kontinent zuständig – das ist zumindest dann oft so, wenn der Kontinent Afrika heißt.

Viele Journalisten tragen einen Doppelhut als Journalist und Auftragnehmer: Sie übernehmen bezahlte Aufträge oder werden eingeladen für redaktionelle Beiträge oder Fotos von NGOs. Gleichzeitig sind sie interessiert an weiteren Aufträgen und machen Angebote an Medien zur Berichterstattung über dieselbe Reise in dieselben Regionen und zu denselben Projekten. In der Regel zielen NGOs aber nicht darauf ab, die eigenen Ansichten ungefiltert über Journalisten und ihre Medien verbreiten zu können. Dies kann im akuten Katastrophenfall vorkommen – bezieht sich dann allerdings mehr auf die Darstellung der Katastrophe selbst als auf eine unkritische Beschreibung der eigenen Tätigkeiten.

Im Katastrophenfall können NGOs den Journalisten und Medien auch Zugang zu entlegenen Regionen und den betroffenen Menschen verschaffen. Häufig sind NGOs im Gegensatz zu den Journalisten nämlich schon vor Ort, bevor eine Katastrophe eintritt. Das ist dann allerdings kein *embedded journalism*, bei dem Ansprechpartner durch NGOs für Journalisten vorgefiltert werden und eine unvoreingenommene und unabhängige Informationsbeschaffung durch den Journalisten ausgeschlossen wäre.

Beide Akteure müssen ihre Rolle kennen und klar kommunizieren. Die Erfahrung von CARE und von Gemeinsam für Afrika zeigt: Journalisten nutzen natürlich die Zugänge und lassen sich auch Themen vorschlagen, sie bleiben aber unabhängig in ihrer Berichterstattung. Sie holen stets auch andere Quellen ein und entwickeln eigene Themen.

Dies ist selbstverständlich auch ein gutes Regulativ für die Außendarstellung der NGOs selbst. Gerade weil NGOs auf Spenden angewiesen sind, sind Vertrauen und die zugehörige Transparenz sehr hohe Güter. Der Reputationsverlust, der sich aus einer offenbar falschen Selbstdarstellung für eine NGO ergeben würde, wenn Journalisten eine solche falsche Darstellung „enttarnen" würden, wäre sehr hoch.

Kooperation außerhalb der Katastrophe

Außerhalb der Katastrophe erfolgt die Zusammenarbeit oft auch zum Thema „Aufklärung" beziehungsweise „Anwaltschaftsarbeit". Ziel der NGO ist es dabei, mit Aktionen und Informationen Zusammenhänge und Hintergründe von Problemsituationen zu verdeutlichen. Allerdings entsprechen die Vorstellungen der Journalisten und Redaktionen oft nicht der Projektrealität vor Ort. Die Betreuung von Opfern sexueller Gewalt in einem Flüchtlingslager wird im Extremfall zum Beispiel nur dann dargestellt, wenn die NGO eine deutsche Helferin präsentieren kann. Fehlt ein solcher Inlandsbezug, weil die NGO vor Ort ausschließlich mit lokalen Expertinnen und Experten hilft – „Wie, ihr arbeitet mit kenianischen Psychologinnen?" fragt die Journalistin dann – so wird es ungleich schwieriger, einen redaktionellen Beitrag zu positionieren. Die NGO versucht dann selbstverständlich die Entscheidung der Journalisten zu verändern. Aber das geschieht in einem offenen

Dialog, in dem die unterschiedlichen Rollen und Kompetenzen der Parteien klar und offen angesprochen werden.

Botschaften werden so zwar transportiert, aber nur in Ausnahmefällen in ihrer Gesamtheit. Die NGOs fungieren dann zumeist als Unterstützung beziehungsweise als Ersatz für eigene Logistik der Journalisten und Lieferant von Fakten und nicht von Schlussfolgerungen.

Organisationen wie Gemeinsam für Afrika und CARE bemühen sich ganzjährig abseits der Katastrophen gezielt, Öffentlichkeits- und Medienarbeit zu machen, um positive Seiten beziehungsweise Zusammenhänge aufzuzeigen und so differenzierte Sichtweisen zu fördern: Allein der Gründungsgedanke von Gemeinsam für Afrika resultiert aus dem diskutierten Dilemma: Die Bündnisorganisationen sind sich durchaus der Gefahren der Symbiose mit den Medien bewusst, deswegen beschlossen sie 2003, sich zusammenzuschließen, um das vorherrschende Bild des krisengeschüttelten Kontinents zu ergänzen und auch positive Entwicklungen in die Medien zu transportieren. Die gemeinschaftliche Kampagne will dem Bild des „verlorenen Kontinents" entgegenwirken und die Bevölkerung auf die Chancen Afrikas und die Potenziale seiner Menschen aufmerksam machen. Sie möchte zeigen, dass die Menschen in Afrika angesichts von Hunger, Bürgerkriegen, Krankheiten und Armut nicht verzweifeln, sondern bereit sind, ihr Schicksal selbst in die Hand zu nehmen. Insofern kann die in den Medien teilweise vorherrschende Perspektive auf die „Opfer in der dritten Welt" durch substantielle Beiträge der NGOs auch sehr bereichert und ausgewogener gestaltet werden.

Aber auch in diesen Fällen gilt für die NGOs, dass der Reputationsverlust durch die Veröffentlichung falscher Informationen auf Dauer so gravierend wäre, dass es im wohlverstandenen eigenen Interesse der Organisationen liegt, Journalisten nicht unausgewogen oder sogar falsch zu informieren. Obwohl also letztlich die Verantwortung für den Umgang mit seinen Informationen immer in der Hand des Journalisten liegt, kann es sich eine NGO schlechterdings auf Dauer nicht erlauben, falsche Fakten oder potemkinsche Dörfer anzubieten.

Insofern darf man wohl sagen, dass es eine Form der professionellen Zusammenarbeit zwischen NGOs und Journalisten geben kann. Beide Seiten haben aber zugleich ein hohes Interesse daran, sich selbst keinen Schaden durch die Verbreitung falscher Informationen zuzufügen. Und soweit der verantwortungsvolle Journalist seine Quellen ausreichend kennzeichnet und Informationen aus einer Quelle auch durch andere überprüft und verifiziert, ist diese Zusammenarbeit der Qualität der journalistischen Arbeit und dem Informationsbedürfnis der Öffentlichkeit sogar zuträglich.

Die Risiken der Symbiose zwischen Journalisten und Hilfsorganisationen in der Afrikaberichterstattung

John Emeka Akude

Einleitung

In der Afrikaberichterstattung lässt sich beobachten, dass Journalisten und Hilfsorganisationen oft eng kooperieren. Zwar ist dieses Phänomen nicht neu, jedoch von solcher Relevanz, dass es neuerdings zu einem Forschungsobjekt geworden ist.[1] Die Kooperation ist besonders bei der Berichterstattung über Konflikte, Kriege, Katastrophen und andere Situationen des menschlichen Elends in Afrika (aber auch darüber hinaus) zu beobachten und hat zu einer sogenannten „Symbiose" zwischen Journalisten und Hilfsorganisationen geführt: Hilfsorganisationen machen Journalisten auf relevante Themen aufmerksam und vermitteln ihnen Kontakte, während Journalisten den Hilfsorganisationen mediale Aufmerksamkeit verschaffen, wodurch diese letztlich Geld durch Spenden der Bevölkerung eintreiben können.

Problematisch ist, dass diese Kooperation zunehmend enger wird und sogar besorgniserregende Züge annimmt. In manchen Fällen übernehmen die Journalisten sogar die Informationen der Hilfsorganisationen und verbreiten diese ungeprüft weiter. Auch werden die Recherchen freiberuflicher Journalisten zum Teil von Hilfsorganisation finanziert. Deshalb fürchten kritische Beobachter der Afrikaberichterstattung, dass die angesprochene Entwicklung Risiken sowohl für die Qualität der Berichterstattung als auch ethische Probleme für den Journalismus birgt. Doch wo liegen die Quellen dieser Problematik? Worin bestehen die Risiken? Und was sind mögliche Gegenmaßnahmen? Dieser Beitrag versucht, Antworten auf diese übergeordneten Fragen zu finden. Dafür werden zunächst die ein-

[1] Unter anderem forscht der deutsche Kommunikationswissenschaftler Lutz Mükke (2011) zu diesem Thema, wie auch das Nieman Lab der Harvard Universität mit zahlreichen Publikationen (vgl. URL: http://www.niemanlab.org/ngo). Darüber hinaus zählt das Thema auch zum Lehrstoff an der *Deutsche Welle Akademie* (URL: http://training.dw.de/ausbildung/blogs/lab/?p=1013).

gangs erwähnten Beobachtungen genauer beschrieben und anschließend im Bezug auf die gestellten Fragen analysiert.

Die enge Zusammenarbeit zwischen Journalisten und Hilfsorganisationen

Journalisten haben immer mit Hilfsorganisationen kooperiert, um die deutsche Bevölkerung auf die Entstehung von Kriegen, Konflikten, Katastrophen und anderen verheerenden Entwicklungen im Ausland aufmerksam zu machen. Diese Kooperation ist an sich auch nicht verwerflich. Es ist sogar wünschenswert, dass sich Journalisten und Hilfsorganisationen austauschen, um einerseits die Bürger in den Heimatländern genauer zu informieren, und anderseits leidenden Menschen im Ausland zu helfen: Journalisten genießen das Vertrauen der Bevölkerung, weil sie in den meisten Fällen gut ausgebildet und mit den Fähigkeit ausgestattet sind, Nachrichten handwerklich und ethisch korrekt zu recherchieren und aufzubereiten. Den Hilfsorganisationen traut man die Fähigkeit und Bereitschaft zu, Menschen in Not zu helfen, sobald diese Notlage bekannt wird.[2] Eine enge Zusammenarbeit zwischen den beiden Gruppen könnte die Qualität der Berichterstattung sogar verbessern, wie die US-amerikanische Journalistin Kimberly Abbott (2009: 10) ausführt: „They have the potential to lead to stronger foreign news reporting and better serve audiences interested in an increasingly interconnected world“. Problematisch und sogar verwerflich wird diese Kooperation vor allem dann, wenn die journalistische Ethik aufgrund der Symbiose Schaden nimmt – dazu weiter unten mehr.

Öffentliche Meinung spielt eine große Rolle bei der Logik der humanitären Hilfe, nach der Hilfsorganisationen handeln. Um zu spenden, muss die Öffentlichkeit an die positiven Folgen von Hilfsleistungen glauben. Deshalb investieren viele Hilfsorganisationen in Public Relations. Unter anderem rechtfertigen Journalisten die Arbeit der Organisationen mit moralischen Argumenten, mit deren Hilfe das Publikum überzeugt werden soll.

Allerdings entwickelt sich diese Kooperation in eine besorgniserregende Richtung: Journalisten verlieren zunehmend den Drang zu unabhängigen Recherchen. Häufig erhalten freiberufliche Journalisten Unterstützung für ihre Rechercheреisen von Hilfsorganisationen. Der durch seine Krisenfotos aus afrikanischen Konflikten bekannte freiberufliche Kriegsfotograf Marcus Bleasdeale bemerkte:

„Over the last ten years I will say that 80-85% of my work has been financed by humanitarian agencies. To give an example, in 2003 I made calls to over 20 magazines and newspapers

[2] Darüber hinaus gibt es noch andere Gründe, weshalb diese Kooperation positiv bewertet werden kann. Für einen Überblick vgl. den Beitrag von Abbott (2009), „Working Together: NGOs and Journalists can create stronger international reporting“.

saying I want to go to Darfur. Yet I made one call to Human Rights Watch, sorted a day rate, expenses and five days later, I was in field." (Bleasdeale, zit. n. Cooper 2009: 5)

Darüber hinaus verdichten sich die Informationen, wonach Journalisten die Meldungen der Hilfsorganisationen ungeprüft übernehmen. Steffen Leidel (2010) berichtete von der fast wortwörtlichen und ungeprüften Übernahme einer Pressemitteilung von Greenpeace durch zahlreiche deutsche Redaktionen am 24. November 2010. Es handelte sich dabei um einen Bericht über Fische, die deutsche Verbraucher noch essen könnten.[3] Deutsche Nachrichtenagenturen lehnten ihre Berichte sehr nah an die Pressemitteilung von Greenpeace an, so dass das Zitat „Die Lage der Fischbestände ist weltweit nach wie vor dramatisch" in den folgenden Onlinemedien zu finden war: *Pressespiegel.de*, *Focus.de*, *Handelsblatt.com*, *FR-Online*, *Welt.de* und *Bild.de*. Der *Spiegel* publizierte am 14. Dezember 2010 einen Bericht, wonach das Institut für Seefischerei in Hamburg die Pressemittleilung von Greenpeace anzweifelte und der Organisation unkorrekte Darstellung sowie Panikmache vorwarf. Aufgrund dieser Entwicklung stellte ein deutscher Medienanalytiker die These auf, dass Hilfsorganisationen und die Medien oft derart symbiotische Verbindungen eingehen würden, dass kritisch-hintergründiger Journalismus teilweise behindert werde (vgl. Mükke 2011: 24). Wie ist diese problematische Entwicklung zu erklären?

Die Quellen der symbiotischen Beziehungen zwischen Journalisten und Hilfsorganisationen in der Afrikaberichterstattung

Chronologisch betrachtet können die Ursprünge der symbiotischen Verbindungen zwischen Journalisten und Hilfsorganisationen in zwei Phasen unterteilt werden: Die alten Faktoren schufen die Basis und die neuen Faktoren ermöglichten dann letztlich die Symbiose. Zu den alten Faktoren gehören politisch-ökonomische Überlegungen, die Struktur der globalen Nachrichtenproduktion, die Nachrichtenselektion und der Mangel an Auslandskorrespondenten. Zu den neuen Faktoren gehören der Strukturwandel der Medien sowie die Digitalisierung der Nachrichtenproduktion und die Auswirkungen sozialer Medien. Alte wie neue Faktoren sind für die Unterversorgung der deutschen Bevölkerung mit akkuraten Nachrichten aus Afrika mitverantwortlich. Auf diese Weise wurde eine Lücke geschaffen, in die die Hilfsorganisationen – oft mit Hilfe sozialer Medien – hineinstoßen.

---

[3] Vgl. zu diesem Thema den Blog der *Deutsche Welle Akademie* (URL: http://training.dw.de/ausbildung/blogs/lab/?p=1013).

Die alten Faktoren

Polit-ökonomische Überlegungen der Nachrichtenproduktion beziehen sich auf die Tatsache, dass Nachrichtenproduktion eine wirtschaftliche Aktivität ist. Demnach müssen die in diesem Bereich tätigen Medienunternehmen wirtschaftlich erfolgreich arbeiten, um zu überleben. Deshalb ist das Hauptinteresse der Nachrichtenagenturen sowie anderer Zweige der Nachrichtenproduktion und -verbreitung das wirtschaftliche Überleben.[4] Dazu müssen sie den Nachrichtenkonsumenten das anbieten, wofür diese sich interessieren, was problematisch sein kann: Verglichen mit anderen europäischen Ländern (etwa Frankreich, Großbritannien, Niederlande), lässt sich in Deutschland ein eher geringes Interesse für Afrika feststellen. Dies ist eventuell auf die Tatsache zurückzuführen, dass Deutschland seine afrikanischen Kolonien früher verlor und hat unter anderem die Konsequenz, dass kaum Mittel für Recherchen in Afrika von deutschen Berichterstattern bereit gestellt werden. Hierzu wurde schon in den 1980er Jahren eine ethnozentrische Basis des Auslandsjournalismus in Deutschland festgestellt, wonach Ereignisse im Ausland oft nur dann einen Nachrichtenwert haben, wenn diese einen Bezug zu Deutschland aufweisen (Vgl. Schmidt/Wilke 1988). Demnach wird das Ausland in vielen Fällen lediglich nach seiner politischen, kulturellen und wirtschaftlichen Nähe zu Deutschland wahrgenommen. Dementsprechend hat Afrika kaum Nachrichtenwert in Deutschland. Es sei denn, es handelt sich um Kriege, Konflikte, Katastrophen, Korruption und ähnliche Situationen des menschlichen Elends oder es geht in der Afrikaberichterstattung um Sensationelles.

Die Struktur des globalen Nachrichtensystems spielt in diesem Zusammenhang ebenfalls eine Rolle, da nur wenige Nachrichtenagenturen den globalen Informationsfluss dominieren: *Associated Press*, *Reuters* und *Agence France Presse*. Da diese Agenturen westlich geprägt sind, ist ihnen Afrika weniger wichtig und somit wird der Kontinent in ihrer Berichterstattungen oft marginalisiert.[5] Die Asymmetrie des globalen Nachrichtensystems hat ähnliche Auswirkung auf die Afrikaberichterstattung in Deutschland wie die Nachrichtenselektion. Eine Kombination von persönlichen, institutionellen und sozialen Faktoren führen zu Kriterien der Nachrichtenselektion eines Journalisten, die vielfach unbewusst angewandt werden. So kann das, was als Nachricht gelten kann, von Person zu Person unterschiedlich wahrgenommen werden. Und da die deutschen Medienunternehmen kaum Afrikaner beschäftigen, werden viele Ereignisse aus Afrika in Deutschland gar nicht wahrgenommen. Hierbei muss auch der Mangel an Auslandskorrespon-

[4] Zwar gibt es Medienunternehmen wie öffentlich-rechtliche Rundfunkanbieter, von denen man nicht unbedingt erwartet, dass sie vor allem nach wirtschaftlichen Kriterien arbeiten (beispielsweise aufgrund ihrer Organisationsform oder ihres öffentlichen Auftrags). Kritische Beobachtungen zeigen jedoch, dass auch diese Medien sich vielfach nach ökonomischen Kriterien richten.

[5] Für die *AFP* ist diese Aussage nur eingeschränkt richtig.

denten erwähnt werden, die so wenige sind, dass sie nicht ganz Afrika abdecken können. Vor diesem Hintergrund sind die deutschen Medienunternehmen vielfach von den internationalen Nachrichtenagenturen abhängig, was die journalistische Vernachlässigung Afrikas nicht beseitigt. Zu der grundsätzlichen Vernachlässigung der Afrikaberichterstattung in Deutschland gesellen sich zudem die neueren Faktoren.

Die neue Faktoren

Die neuen Faktoren bestehen hauptsächlich aus dem Strukturwandel der Medienlandschaft in Deutschland sowie der fortschreitenden Digitalisierung, dem Aufstieg des Internets und den sozialen Medien. Der mediale Strukturwandel wird in Deutschland durch zwei Faktoren gekennzeichnet: Eine zunehmende Ökonomisierung des Journalismus aus Wettbewerbsgründen sowie eine dramatische Reduzierung der Kosten für die Verarbeitung und den Vertrieb von Informationen als Folge der Digitalisierung der Technik (Heinrich 2012).

Im Zuge der zunehmenden Ökonomisierung wird journalistische Qualität den wirtschaftlichen Überlegungen untergeordnet. Journalisten orientieren sich vielfach am Publikumsgeschmack und vernachlässigen dabei die Aufklärung der Öffentlichkeit. Der Kampf um das Publikum impliziert Dringlichkeit bei der Nachrichtenverbreitung. Es fehlt daher die Zeit für Recherche. So entsteht ein Trend, sich an Informationen von anderen zu bedienen.

Die Digitalisierung hat zu einer Kostensenkung bei der Verbreitung von Informationen geführt. In Folge dieser Verbilligung des Informationsvertriebs sind Medienangebote vertriebsintensiver geworden. Nachrichteninhalte werden mehrfach verwertet, wiederholt, übernommen und wiederverwertet – insbesondere über neue Medien. Digitalisierung fordert darüber hinaus „Outsourcing und Versatzstückelung" der eigenen Information aus Informationen anderer Urheber. Da dieses Kopieren von Informationen kostengünstiger ist, lohnt es sich in vielen Fällen nicht mehr, eigene Inhalte zu produzieren.

Zu diesen fremden Urhebern gehören auch die Nicht-Regierungs-Organisationen (NGOs), die ihre oft gute Vernetzung und Finanzierung einsetzen, um früher an Information zu kommen, speziell in Konflikt- und Katastrophensituationen. Sie verfügen über qualifiziertes Personal mit ständigem Aufenthalt vor Ort – in den meisten Fällen anders als die Printmedien – und bauen somit ihre regionale Expertise auf und aus. Das Internet sowie die neuen sozialen Medien ermöglichen dann die Verbreitung eigener Inhalte, die gezielt über Medien gestreut werden.

Allerdings haben alle Journalisten, sowohl auf der Veranstaltung „Afrika 3.0" als auch bei den diesem Beitrag zugrundeliegenden Recherchen eine Kompromittierung ihrer Unabhängigkeit durch die enge Kooperation mit der Hilfsindustrie bestritten.[6] Dennoch birgt diese besorgniserregende Entwicklung Risiken für das Wesen der Nachrichtenproduktion.

Die Risiken der Zusammenarbeit von Journalisten und Hilfsorganisationen

Das Hauptrisiko dieser Symbiose ist, dass sie einen Verstoß gegen die journalistische Ethik billigend in Kauf nimmt. Nach dieser Ethik sollen Journalisten ihre Geschichten eigenhändig und unabhängig recherchieren und nach eigener Überzeugung berichten. Darüber hinaus verpflichtet sie die Journalisten zu Wahrhaftigkeit, Sorgfalt, Verzicht auf Tätigkeiten, die die Inhalte in Frage stellen, und den Verzicht auf Vergünstigungen (wie Bestechung jeglicher Art). Wenn Journalisten jedoch die Geschichten der NGOs übernehmen oder ihre Recherchereisen von NGOs bezahlen lassen, ergeben sich automatisch ethische Probleme.

Sich auf die Informationen der NGOs zu verlassen birgt zudem das Risiko, falsche oder die NGOs begünstigende Information zu übernehmen und zu publizieren. NGOs haben offensichtlich ein Eigeninteresse bei der Verbreitung von Informationen über Kriege, Konflikte und Katastrophen in Afrika: Denn durch eine entsprechende Berichterstattung erhöhen sich die Spenden. Darüber hinaus besteht ein drittes Risiko: Es ist erwähnenswert, dass sich diese Entwicklung weitgehend ohne die Wahrnehmung der Nachrichtenkonsumenten, also der Spender, vollzogen hat. Mehr Transparenz in diesem Bereich könnte einerseits zu einem Vertrauensverlust gegenüber Journalisten und andererseits zu weniger Spenden führen. Damit wird die Symbiose kontraproduktiv. Weiterhin birgt die enge Kooperation ein Risiko des Wegschauens im Falle eines Interessenkonflikts – beispielsweise wenn Journalisten herausfinden, dass die Hilfsorganisation in ihrer Darstellung zu einem gewissen Thema fehlerhaft gearbeitet hat. Schließlich muss die Frage erlaubt sein, ob ein Journalist, der von einer NGO Hilfe bekommen hat, sich jemals kritisch über diese NGO äußern kann und wird.

Fazit und Handlungsempfehlungen

Aktuelle Entwicklungen in der engen und gegenseitig nützlichen Journalisten-NGO-Beziehung zeigen, dass die NGOs zunehmend im Bereich der Journalisten arbeiten und dabei klassischen Journalismus speziell in der Auslandsberichterstattung verdrängen. Dies ist der bisherige Höhepunkt einer risikoreichen Entwicklung, die zurückzuführen ist auf das mangelnde Interesse der breiteren deutschen

[6] Vgl. Mükke (2011: 24) zur Erklärung des Begriffs „Hilfsindustrie".

Bevölkerung an Auslandsberichten aus Ländern, die den Deutschen aus verschiedenen Gründen nicht so wichtig erscheinen. Allerdings spielen die Ökonomisierung der Nachrichtenproduktion (ein Bestandteil neoliberalen Managements), die Digitalisierung derselben sowie der Einsatz von sozialen Medien bei der Nachrichtenverbreitung eine tragende Rolle.

Es kann konstatiert werden, dass der Vorrang der wirtschaftlichen Überlegungen (so zwingend er sein mag) bei der Produktion und Verbreitung von Nachrichten in Deutschland abgeschwächt auf die Medienunternehmen wirken sollte, denn Deutschland verfügt über ein Mediensystem, das den Imperativ der wirtschaftlichen Überlegungen begrenzt: das öffentlich-rechtliche System. Es ist daher unverständlich, wenn öffentlich-rechtliche Sender bei Auslandskorrespondenten sparen. Hier ist die zu empfehlenden Maßnahme einfach: Sie sollen lieber in eine qualitativ bessere Produktion von Auslandsberichten und deren Verbreitung investieren.

Da der Ursprung des Problems in der mangelnden Bedeutung der Afrikaberichterstattung in Deutschland liegt, sollten Mittel gefunden werden, das Image von Afrika in der deutschen Öffentlichkeit zu verbessern. Ein Mittel könnte sein, mehr aus Afrika stammende Deutsche in Positionen zu bringen, wo sie in der Öffentlichkeit sichtbar sind. Mit mehr Sichtbarkeit kommen eventuell mehr Interesse und Akzeptanz. Anderseits ist es wünschenswert, dass sämtliche Regierungen afrikanischer Staaten die aktuell positive Entwicklung der Wirtschaft in vielen afrikanischen Ländern als Momentum und Ermutigung verstehen, gezielter zu arbeiten, ihre Länder weiterzuentwickeln und so vielen Afrikanern wie möglich aus der Armut zu helfen. Denn es ist anzunehmen, dass sich das Image Afrikas in Deutschland umso mehr verbessert, je weniger arme Menschen in Afrika leben und je mehr die wirtschaftlichen Entwicklung Afrikas vorankommt. Damit würde Afrika auch wichtiger für die deutsche Wirtschaft. Dies ist allerdings eher die langfristige, aber dafür dauerhaftere Lösung.

Kurzfristig könnte beispielsweise ein aus Journalisten, NGOs und regionalen Experten bestehendes Gremium gegründet werden, das sowohl die Berichte der NGOs als auch generell die Zusammenarbeit zwischen Journalisten und NGOs überwacht. Alternativ können die NGOs mit identischen Schwerpunkten eine Organisation gründen, die eine gewissenhafte Arbeit der Mitglieder garantiert, wie zum Beispiel „Alert Net". Wie auch immer: Die aktuelle Entwicklung muss korrigiert werden, denn sie birgt die Gefahr, letztlich allen Beteiligten zu schaden.

Literatur

Abbot, Kimberly (2009): „Working Together: NGOs and Journalists can create a stronger international reporting." URL: http://www.niemanlab.org/2009/11/

kimberly-abbott-working-together-ngos-and-journalists-can-create-stronger-international-reporting/ Stand: Dezember 2013.

Cooper, Glenda (2009): „When lines between the NGO and the news organization blur.“ URL: http://www.niemanlab.org/2009/12/glenda-cooper-when-lines-between-ngo-and-news-organization-blur/#more-11664 Stand: Dezember 2013.

Heinrich, Jürgen (2012): „Strukturwandel in der Medienlandschaft“ URL: http://www.bpb.de/veranstaltungen/dokumentation/133261/sektion-6-markt-und-macht-strukturwandel-des-medienmarktes-und-des-medienangebotes?p=all Stand: Dezember 2013.

Leidel, Steffen (2010): „NGOs: Die neuen Journalisten“ URL: http://training.dw.de/ausbildung/blogs/lab/?p=1013 Stand: Dezember 2013.

Mükke, Lutz (2011): „Humanitär Embedded: Wie symbiotische Beziehungen zwischen Hilfsorganisationen und Medien Qualitätsjournalismus aushohlen.“ In: Lilienthal, Volker (Hrsg.): *PR und Journalismus: Zwischen Kooperation und Konfrontation*. Hamburg, S. 24–30.

Schmidt, Dagmar/Wilke, Jürgen (1998): „Die Darstellung des Auslands in deutschen Medien: Ergebnisse einer Inhaltsanalyse.“ In: Quandt, Siegfried/Gast, Wolfgang (Hrsg.): *Deutschland in Dialog der Kulturen: Medien – Images – Verständigung*. Konstanz, S. 167–181.

Zusammenfassung des vierten Panels: Medien und Hilfsorganisationen

Regine Beyß

Wenn es um mediale Ab- und Zerrbilder des afrikanischen Kontinents geht, können bestimmte Akteure nicht außer Acht gelassen werden: Die Nichtregierungs- und Hilfsorganisationen. Sie versuchen mit ihrer Öffentlichkeitsarbeit, die Aufmerksamkeit auf Notsituationen, mögliche Gegenmaßnahmen und natürlich auch auf ihre eigene Arbeit zu lenken. Dabei können sie zwar ihre eigenen Kanäle nutzen, doch um möglichst große Teile der Bevölkerung zu erreichen, sind sie auf die Massenmedien angewiesen. Auch die Medien können von den Angeboten der PR-Abteilungen profitieren: Sie werden auf Themen aufmerksam, erhalten Zugang zu seriösen Ansprechpartnern in Deutschland und im Ausland und können vor Ort die Infrastrukturen der Hilfsorganisationen nutzen. Allerdings birgt diese enge Zusammenarbeit auch Risiken: Nicht selten werden Pressemitteilungen ungeprüft übernommen; Journalisten laufen Gefahr, die nötige Distanz zu den Organisationen zu verlieren – vor allem wenn sie finanziell von ihnen abhängig sind. Sollte eine solche „Symbiose" von Hilfsorganisationen und Medien also generell vermieden werden? Oder gibt es Wege, mit den Risiken angemessen umzugehen? Diesen und ähnlichen Fragen widmete sich das vierte Panel der Fachtagung „Afrika 3.0".

Gibt es einen „Africanism"?

Zunächst beleuchtete Stefan Ewers das Thema aus Sicht der Hilfsorganisationen. Der Politik- und Finanzwissenschaftler ist Vorstandsmitglied von „CARE" Deutschland-Luxemburg und gleichzeitig als ehrenamtliches Mitglied im Vorstand des Bündnisses „Gemeinsam für Afrika". Beeindruckt von den Vorträgen und Diskussionen am Vormittag ging Ewers zunächst auf unseren Sprachgebrauch und den Begriff „Afrika" ein.

Seiner Meinung nach handelt es sich mitnichten um eine rein geografische Bezeichnung. Vielmehr sei „Afrika" ein essentieller Ausdruck, dem notwendige Eigenschaften zugeschrieben werden – und der, obwohl das in Wahrheit nicht möglich ist, den Kontinent in seiner Ganzheit zu beschreiben versucht. Das Prinzip des „pars pro toto" funktioniere in diesem Fall nicht. Trotzdem würden wir uns den Begriff zu Eigen machen und gingen von einer „Afrikanischkeit" aus, die es eigentlich nicht gebe. Mit diesem Sprachgebrauch einher gehe der Transport bestimmter Bilder, die oft von einer scheinbaren Überlegegenheit der westlichen Industrienationen gegenüber den afrikanischen Staaten zeuge.

Punktuelle Zusammenarbeit statt Symbiose

Mit Bezug auf die konkrete Fragestellung des Panels erinnerte Ewers daran, was eine Symbiose im biologischen Sinne bedeutete: Individuen, die nicht wesensverwandt sind, leben in einer ständigen Gemeinschaft, aus der beide einen Nutzen ziehen. Für Ewers trifft diese Definition bei der Beziehung zwischen Hilfsorganisationen und Medien nicht zu. Vielmehr handele es sich um punktuelle Zusammenarbeit, bei der keine Seite zu Schaden komme.

Nichtregierungsorganisationen (NGOs) setzten einerseits auf Projektarbeit, andererseits auf „Awareness-Raising" und „Fundraising". Sie wollten ein ausgewogenes Bild erzeugen und dafür die bestehenden Kanäle der Massenmedien nutzen, so Ewers. Kurze und einfache Artikel ließen sich zwar gut unterbringen. Für tatsächliche Aufklärung wären aber lange und komplexe Darstellungen von Nöten, deren Platzierung schwieriger sei. „You can never tell the whole story", zitierte er. Dessen seien sich die NGOs bewusst. Deshalb reagierten sie auf das, was die Medien von ihnen erwarten – immer in der Hoffnung auf eine Veröffentlichung.

Seiner Erfahrung nach schneiden Medien häufig nur kleine Stücke von dem heraus, was die NGOs anbieten. Besonders auffallend sei dabei die ständige Suche nach einem lokalen/regionalen bzw. nationalen Bezug. Der Fokus liege auf kurzfristigen und aktuellen Entwicklungen statt auf ausführlichen und umfassenden Analysen – für Ewers vor allem ein Weg der Medien, die Rezipienten nicht mit Komplexität zu überfordern.

Gründe für den Informationsmangel

Aus eher wissenschaftlicher Perspektive äußerte sich im Anschluss John Emeka Akude, wissenschaftlicher Mitarbeiter beim Deutschen Institut für Entwicklungspolitik. Der Sozialwissenschaftler war zuvor Berater im Bundesministerium für Wirtschaftliche Zusammenarbeit und Entwicklung in Bonn und entwarf unter anderem ein Papier zu „Medien und Entwicklung". Akude legte den Fokus vor allem auf die Gründe, die Journalisten dazu bringen, auf Kooperationen mit Hilfsorganisationen zurückgreifen. Man könne den NGOs keinen Vorwurf machen, sondern sollte stattdessen versuchen aufzudecken, warum ein solcher Mangel an Informationen existiere, dass Journalisten auf PR-Material angewiesen seien.

Politische Ökonomie der Berichterstattung

Es sei kein gutes Zeichen, dass NGOs auf Themen aufmerksam machen müssten. Stattdessen sei es eigentlich die Aufgabe der Journalisten, Probleme aufzudecken. Die Gründe, warum es genau gegenteilig verlaufe, liegen laut Akude vor allem in den Strukturen der Nachrichtenproduktion, speziell in der politischen Ökonomie der Berichterstattung.

So müsse man zum Beispiel immer wieder fragen: Wessen Interesse wird mit einer Berichterstattung bedient? Medien müssten dem Interesse der Bevölkerung gerecht werden, um wirtschaftlich erfolgreich zu sein. Das habe zur Folge, dass die Berichterstattung „deutschlastig“ und „eurozentrisch“ würde. Die Diversität Afrikas gehe dabei oft verloren. Stattdessen würde „boulevardisiert“ und unnötig dramatisiert.

Erschwerend hinzu kämen die globalen Strukturen des Nachrichtensystems: Nur wenige Nachrichtenagenturen berichten weltweit. Die Zahl der Korrespondenten sei gering und werde häufig noch überbewertet, weil auch sie oft auf Agenturmaterial zurückgriffen.

Eine Chance sieht Akude allerdings in den sozialen Medien. Sie sind seiner Meinung nach in der Lage, verzerrte Bilder auszugleichen. Es sei wichtig, so viele Quellen wie möglich zu nutzen und sich die Zeit zu nehmen, ein umfassendes Bild zu zeichnen.

Problematik von Recherchereisen

Da bei den Impulsvorträgen kein Journalist zu Wort kam, ergänzte Thomas Mösch den Input aus der Sicht der Medien. Der Moderator des Panels ist Leiter des Haussa-Programmes bei der *Deutschen Welle* mit den Schwerpunkten Nigeria, Niger und Ghana. Er machte vor allem auf die Problematik von Recherchereisen aufmerksam, die Journalisten auf Kosten oder unter Mithilfe von NGOs unternehmen. Aufgrund der schwachen Struktur der Korrespondentennetze und der geringen finanziellen Mittel von Redaktion sei dies häufig der einzige Weg, überhaupt zu berichten. Gleichzeitig sei es natürlich eine sehr bequeme Möglichkeit, an Informationen zu kommen. Generell entstehe die enge Zusammenarbeit von Medien und Hilfsorganisation oft aus durchaus lauteren Beweggründen, denn beide Seiten wollten etwas gegen Missstände unternehmen und sich aus diesem Grund zusammenschließen. Dabei bleibe allerdings mitunter die journalistische Objektivität auf der Strecke.

Krisen, Kriege und Katastrophen

Der Journalist Lutz Mükke, Mitarbeiter der Medienstiftung der Sparkasse Leipzig und Autor des Buches „Journalisten der Finsternis“, nahm in Anschluss an die kurzen Vorträge ausführlich Stellung. Er widersprach Stefan Ewers und betonte, dass es sich gerade bei der Afrikaberichterstattung sehr wohl um eine Symbiose von Journalisten und Hilfsorganisationen handele, die ethisch nicht vertretbar sei. Verständlich sei das insofern, als dass beide originär in ähnlichen Themenfeldern agieren: Krisen, Kriege und Katastrophen. Die NGOs seien auf gemeinsame Aktionen mit Medien angewiesen. Und diese profitierten davon wiederum in Form von steigenden Auflagen und Absatzquoten.

Für problematisch hält Mükke darüber hinaus die personelle Überschneidung zwischen Medien und Hilfsorganisationen. Viele Journalisten hätten einen ethisch-moralischen Anspruch, die Welt zu verbessern, und engagierten sich nebenbei häufig in NGOs. Dabei wäre es eigentlich ihre Aufgabe, diese Branche kritisch zu begleiten. Diese Funktion komme bei Kooperationen allerdings oft zu kurz – vor allem, wenn die Journalisten auf die Organisationen angewiesen sind. („Die Hand, die mich füttert, beiße ich nicht.“) Viele Journalisten machten zudem PR-Arbeit für NGOs und seien in dieser Funktion nicht mehr in der Lage, gegenüber ihren Arbeitsgebern Kritik zu äußern. Den riesigen Einfluss, den die NGOs gerade auf das Bild Afrikas in den Medien haben, gelte es kritisch zu hinterfragen. So müssten zum Beispiel die Medienstrategien der Hilfsorganisationen wissenschaftlich aufgearbeitet werden.

Journalismus oder PR

Grundsätzlich sollten Journalisten die Finger davon lassen, in beiden Bereichen tätig zu sein, und sich klar für ein Berufsbild entscheiden. Journalisten sollten keine PR machen, so Mükke. Und wenn Pressereisen schon genutzt werden müssten, sollten Bedingungen ausgehandelt werden, die eigene Recherchen ermöglichen, und nicht nur auf das vorgefertigte Material der NGOs zurückgegriffen werden.

Die Pressesprecherin von CARE Deutschland-Luxemburg, Sabine Wilke, kritisierte daran anknüpfend die stilisierte Opfer-Täter-Rolle. Sie betonte, dass vielleicht einige NGOs mit hohem Budget gezielt Einfluss auf Journalisten nehmen könnten, dass dies aber längst nicht für alle gelte. Das Medienbudget von CARE sei beispielsweise sehr gering, sodass Journalisten die Reisen selbst bezahlen müssten. Nach ihrer Erfahrung lehnen auch viele Journalisten solche Angebote gezielt ab. Wilke machte darauf aufmerksam, dass die Kooperation mit Journalisten auch für die NGOs ein gewisses Risiko beinhalte. So könne sie beispielsweise viel Arbeit in eine Rechercheanfrage investieren und am Ende erscheine der Artikel ohne Erwähnung ihrer Organisation. Die prekäre Besetzung der Korrespondenten-Plätze in Afrika mache es den NGOs außerdem schwer, feste und gute Ansprechpartner für eine Berichterstattung zu finden.

Geld wird falsch eingesetzt

Es gäbe in Deutschland eigentlich genug Ressourcen, um diese schwachen Strukturen auszubauen, betonte John Emeka Akude. Mit Blick auf den öffentlich-rechtlichen Rundfunk und seine Gebühren sei es für ihn unverständlich, dass die Mittel nicht in diese Richtung fließen würden. Das Geld würde nicht richtig eingesetzt, obwohl es gesetzlich so vorgesehen sei. Diese Problematik müsse man genau analysieren. Ein Tagungsgast kritisierte diesen Vorschlag. Der Hauptfaktor Geld wäre hinlänglich geäußert worden. Es brauche nun aber keine Analyse, sondern Veränderung – vor allem mit Hilfe von Alternativen wie den sozialen Medien.

Verantwortung liegt beim Journalisten

Mit Bezug auf die Ausführungen von Lutz Mükke sah Stefan Ewers die Verantwortung weiterhin bei den Journalisten. Ob es nun um „embedded journalism“ oder Doppelfunktionen in Journalismus und PR gehe – der Journalist müsse das jeweils mit sich selbst ausmachen. Die NGOs wären zwar in der Pflicht, Transparenz zu ermöglichen. Herstellen müsse sie aber der Journalist. Er sei in der Verantwortung, ausgewogen zu berichten. Die NGOs fühlten sich der Wahrheit verpflichtet und würden nicht übertreiben.

Lutz Mükke führte aus, dass Hilfsorganisationen behandelt werden müssten wie jede andere Quelle auch, das heißt, die Fakten müssten überprüft werden. Der Journalist müsse unabhängig bleiben und die Branche sehr kritisch betrachten. So seien zum Beispiel Statistiken mit besonderer Vorsicht zu genießen.

Umgang mit Pressemitteilungen

Die Journalistik-Studentin Jennifer Kotte betonte, dass Journalisten und Hilfsorganisationen die Risiken der Kooperation eingehen müssten, weil sie eben aufeinander angewiesen seien. Sie kritisierte den niedrigen Stellenwert der Afrikaberichterstattung in deutschen Medien und warf die Frage in den Raum, wie denn Redaktionen tatsächlich mit entsprechenden Pressemitteilungen umgehen würden. „Wie komme ich am ökonomischsten an mein Material?“, fragte daraufhin ein anderer Teilnehmer des Panels. Wenn Pressemitteilungen gut gemacht seien, würden sie doch oft einfach übernommen. Der hohe Berufs- und Ehrenkodex falle dann schon mal unter den Tisch.

Die Nutzung von Pressemitteilungen würde erst zum Problem, wenn dem Journalisten das nötige Hintergrundwissen fehle, ergänzte Lutz Mükke. Viele seien gar nicht in der Lage, Fakten zu überprüfen. Sie könnten demnach eine Pressemitteilung auch nicht bewerten. Das gleiche gelte auch für Journalisten, die „mal“ irgendwohin reisen. Es fehle oft an Professionalität.

Kooperation mit afrikanischen Medien

Als Lösungsvorschlag brachte Joy Alemazung von Engagement Global die stärkere Kooperation mit lokalen Medien und Journalisten in die Diskussion ein und gab zu bedenken, dass die von Mükke erwähnte Bewertung stets unterschiedlich ausfalle und fragte, nach welchen Kriterien Nachrichten selektiert werden. Wenn diese professionellen Standards wirklich eingehalten werden würden, wäre ja schließlich kein verzerrtes Afrikabild entstanden. Mit dem Hintergrundwissen von afrikanischen Journalisten hingegen wäre automatisch ein anderer Blickwinkel gewährleistet, der zum Beispiel bestimmte Traditionen besser einschätzen könne als ein deutscher Journalist. Er bezweifelte außerdem die Kompetenz vieler „Experten“, die in den Medien zu Wort kommen. Diejenigen, die leidenschaftlich berichten würden, kämen hingegen nicht in den großen Medien vor.

Nutzung von alternativen Medien

Ein weiterer Lösungsansatz, der während der Diskussion geäußert wurde, war die stärkere Nutzung alternativer Medien. Zwar gäbe es keine absolute Wahrheit, aber je mehr Quellen genutzt würden, umso umfassender sei am Ende das Bild. Ein Teilnehmer sah dabei vor allem die Afrikaner in der Pflicht, die Berichterstattung selbst in die Hand zu nehmen. Die entsprechende Technik sei schließlich vorhanden. Das geschehe bereits, betonte Akude. Nur greife darauf noch kaum jemand zurück. Dabei sehe er die Zukunft des Journalismus gerade darin, die verschiedenen Quellen auszuwerten und daraus ein eigenes Bild zusammenzustellen. Dass dies geschehen werde, bezweifelte hingegen Serge Palasie von der Fachstelle Diaspora und Entwicklung NRW. Natürlich gäbe es alternative Quellen, aber die

Diskussion konzentriere sich zu sehr auf die „geistige Elite“. Stattdessen müssten auch die „einfachen Leute“ informiert werden, weil sie nicht selbst tätig werden würden. Man müsse sich fragen, inwiefern es politisch gewollt sei, dass dort ein gewisses Afrikabild vorherrsche.

Eine Quelle wie jede andere

Moderator Thomas Mösch schlug vor, der Debatte um Hilfsorganisationen und Journalisten die Schärfe zu nehmen, indem man sich darauf einigt, dass NGOs wie jede andere Quelle behandelt werden – als sinnvolle Ergänzung zu den oft schwachen journalistischen Strukturen. Dabei sollte man allerdings die Absichten der Organisationen stets im Hinterkopf behalten, ergänzte Studentin Jennifer Kotte.

Lutz Mükke plädierte darüber hinaus für andere Senderstrukturen. Nischenprodukte allein könnten das Problem nicht lösen, es gehe schließlich um Massenkommunikation. Und auch dafür gäbe es Potenzial, sowohl finanziell als auch personell in Form von Journalisten mit Migrationshintergrund. Der Journalist sieht die Lösung in einem neuen Sender für Auslandsberichterstattung. Außerdem hält er es für wünschenswert, wenn Journalisten und NGOs einen gemeinsamen Ethikkodex erarbeiteten – ähnlich wie es ihn im Bereich von PR und Journalismus bereits gibt.

Fazit

Während der Diskussion blieb unbestritten, dass die Zusammenarbeit zwischen Hilfsorganisationen und Medien auch weiterhin stattfinden werde und müsse, da beide Akteure aufeinander angewiesen seien. Nichtsdestotrotz gelte es, die Risiken im Blick zu behalten und kritisch zu reflektieren. Die Verantwortung liege dabei vor allem bei den Journalisten, denn sie liefen Gefahr, ihre professionellen Standards zu vernachlässigen. Die objektive Berichterstattung werde vor allem von zwei Seiten bedroht. Zum einen würden die strukturellen Bedingungen (vor allem die mangelnde personelle und finanzielle Ausstattung) Redaktionen und freie Journalisten zwingen, auf Material und lukrative Angebote der Hilfsorganisationen zurückzugreifen. Darüber hinaus werde die Berichterstattung nicht selten durch hohen wirtschaftlichen Druck beeinflusst. Zum anderen komme es zu Unschärfen zwischen den Tätigkeitsfeldern, wenn Journalisten für sich keine klaren Grenzen zwischen Journalismus und Öffentlichkeitsarbeit ziehen.

Doch es gibt Ideen, auf diese Bedrohungen zu reagieren. Finanziell müsste den Medien der Druck genommen werden, möglichst dramatisch und boulevardesk zu berichten. Zumindest beim gebührenfinanzierten öffentlich-rechtlichen Rundfunk gäbe es Möglichkeiten, die Senderstrukturen dahingehend zu reformieren und zum Beispiel einen eigenen Sender für Auslandsberichterstattung einzurichten. Zudem könnte eine Umschichtung der vorhandenen Gelder diskutiert werden.

Eine stärkere Kooperation mit lokalen Journalisten und Medien in Afrika könnte die deutschen Medien entlasten und gleichzeitig zu einer inhaltlichen Verbesserung der Berichterstattung führen. Die Nutzung alternativer Medien könnte darüber hinaus die Quellenvielfalt erhöhen und ein umfassenderes Bild erzeugen. Gleichzeitig sollte in den hiesigen Redaktionen die Afrikaberichterstattung wieder einen höheren Stellenwert bekommen. Dazu gehören auch feste Ansprechpartner mit dem nötigen Hintergrundwissen. Hier könnte eine Lösung in der Journalistenausbildung liegen.

Um professionelle Standards zu wahren, müssen die Grenzen zwischen Öffentlichkeitsarbeit und Journalismus deutlich werden. Das gilt sowohl auf der persönlichen Ebene der einzelnen Journalisten als auch auf der berufsethischen Ebene. Hier könnte ein gemeinsamer Kodex hilfreich sein, um bestimmte Verhaltensrichtlinien zu etablieren. Auch wenn die Zusammenarbeit zwischen NGOs und Medien weiterhin Risiken birgt, wäre es doch möglich, sie so zu gestalten, dass beide Seiten profitieren – und auf ihre Weise zu einem ausgewogeneren und realitätsnäheren Afrikabild beitragen.

Panel 5:
Berichterstattung und Integration

Ethnische Diversität im Journalistenberuf – Wie können Migranten in den Medien gefördert werden?

Janis Brinkmann

Einleitung und Methodik

Die Bedeutung des Journalismus und der von ihm geschaffenen medialen Öffentlichkeit für die Integration ethnischer Minderheiten – selbstverständlich nicht bloß von afrikanischen – wurde bereits in zahlreichen wissenschaftlichen Publikationen diskutiert (vgl. u. a. Micus/Walter 2006 und Geißler/Pöttker 2009). Dabei ist unstrittig, dass Medien je nach Darstellung der Minderheit in ihrer Berichterstattung integrationsfördernd oder integrationshemmend wirken können. Problematisch ist vor diesem Hintergrund jedoch die immense Differenz zwischen der großen und weiter steigenden Bedeutung, die Migranten in der Bevölkerung Deutschlands spielen (19,6 Prozent der Einwohner, vgl. Statistischen Bundesamt 2011) und der sehr geringen Zahl von Menschen mit Migrationshintergrund[1] im deutschen Journalismus (geschätzt etwa ein bis vier Prozent der Journalisten, vgl. u. a. Geißler/Enders/Reuter 2009).

Wie kann mehr ethnische Diversität im Journalistenberuf gefördert werden? Nach Antworten auf diese forschungsleitende Frage sucht das Projekt „Basiserhebungen in Nordrhein-Westfalen zur Förderung ethnischer Diversität im Journalistenberuf", dass unter der Leitung von Horst Pöttker zwischen Januar 2011 und Dezember 2012 an der TU Dortmund lief. Um Konfliktlinien und Handlungsfelder

---

[1] Bei der Frage, wann jemand als ein Mensch mit Migrationshintergrund gilt, orientiert sich das Forschungsprojekt an der Definition des Statistischen Bundesamts: Zu den Menschen mit Migrationshintergrund (im weiteren Sinn) zählen, *„alle nach 1949 auf das heutige Gebiet der Bundesrepublik Deutschland Zugewanderten, sowie alle in Deutschland geborenen Ausländer und alle in Deutschland als Deutsche Geborenen mit zumindest einem zugewanderten oder als Ausländer in Deutschland geborenen Elternteil"* (vgl. Statistisches Bundesamt 2010).

herauszuarbeiten sowie Probleme und Perspektiven für die journalistische und politische Praxis und Forschung aufzuzeigen, wurde ein bipolarer Forschungsansatz gewählt: Einerseits wurden unter der Annahme, dass im Management der Medienhäuser, besonders in Presseverlagen wegen der Befürchtung mangelnder Sprachbeherrschung, skeptische Attitüden gegenüber der Beschäftigung von Journalisten mit Migrationshintergrund überwiegen, mit dem Personalmanagement nordrhein-westfälischer Medienbetriebe qualitative und quantitative Befragungen durchgeführt, an der 72 Personalverantwortliche teilnahmen. Damit sollten Ausnahmen von der vermuteten Regel und für migrantische Journalisten offene Redaktionen identifiziert werden. Um herauszufinden, in welchen ethnischen Minderheiten überdurchschnittliche Bereitschaft und Basisfähigkeiten für den Journalistenberuf zu finden sind, und um die Vorbehalte gegenüber der Berufsperspektive Journalismus und deren Gründe im multiethnischen Bevölkerungssegment zu identifizieren, wurde andererseits eine Befragung mit Hilfe von Fragebögen unter 847 Schülerinnen und Schülern in Nordrhein-Westfalen durchgeführt; 427 davon haben einem Migrationshintergrund.

Ergebnisse der Schüler- und Medienbefragung

Die vielfältigen Ergebnisse der Studie können an dieser Stelle nicht in ihrer ganzen Breite dargestellt werden. Für einen Überblick über die Resultate bietet sich zum einen die Projektwebsite des Zentrums für Mediale Integration[2] und zum anderen die in Kürze erscheinende Publikation „Migranten als Journalisten? – Eine Studie zu Berufsperspektiven in der Einwanderungsgesellschaft", herausgegeben von Horst Pöttker und Juliana Lofink, an. Vor diesem Hintergrund sollen im Folgenden nur einige erste Erkenntnisse zusammenfassend dargestellt werden: Die erhobenen Daten legen zunächst nahe, dass die geringe Zahl der Journalisten mit Migrationshintergrund einerseits mit der Haltung vieler junger Migranten zum Journalistenberuf zusammenhängt. Von den 427 befragten Schülerinnen und Schülern mit Migrationshintergrund antwortete fast die Hälfte (196) auf die Frage „Können Sie sich vorstellen, später Journalist zu werden?" mit „Nein", während nur eine vergleichsweise kleine Gruppe (71) den Journalistenberuf als Zukunftsperspektive angab. Die restlichen Befragten äußerten sich unentschlossen (113) oder machten keine Angaben (47). Es kann also davon ausgegangen werden, dass auch auf der Seite der Migranten Vorbehalte gegenüber dem Beruf des Journalisten bestehen. Interessant ist jedoch, dass diejenigen Migranten, die im Journalismus eine Berufsperspektive erkennen, deutlich zum Medium Fernsehen tendieren: Mehr als 70 Prozent dieser Migranten wünscht sich eine Zukunft beim Fernsehen, wäh-

2 http://www.zentrum-fuer-mediale-integration.de/

rend nur etwas mehr als 30 Prozent der Nicht-Migranten eine solche bevorzugen. Auffällig sind diese Ergebnisse vor allem, weil die Präferenzverteilung bei den anderen Medien zwischen den befragten Gruppen kaum abweicht. Auf der anderen Seite legen die Ergebnisse auch nahe, dass in vielen Medienunternehmen noch Vorbehalte gegenüber Journalisten mit Migrationshintergrund bestehen. Zudem hatten sich nur die wenigsten der befragten Personalverantwortlichen (Geschäftsführer, Chefredakteure, Redaktionsleiter) zuvor mit der Frage nach der Förderung von Migranten in den Redaktionen auseinandergesetzt. Dies offenbarte sich vor allem im schwach ausgeprägten Wissen über den Migrantenanteil und die größten ethnischen Gruppen in Deutschland. Anderseits wurde der Migrantenanteil im Journalismus weitgehend korrekt als sehr niedrig eingeschätzt und dieser Zustand überwiegend als „unzureichend“ bewertet. Dieses scheinbare Problembewusstsein wurde jedoch durch fehlende Erfahrungen mit migrantischen Journalisten im eigenen Berufsalltag, kaum vorhandende Konzepte zur Förderung von Migranten und die folgenden Ergebnisse größtenteils wieder in Frage gestellt: Auf die Frage, bei welchen Medien die Einstellungsbereitschaft aus Sicht der Befragten hoch sein könnte, ist auffällig, dass Printmedien eher pessimistisch und Online und Fernsehen sehr optimistisch beurteilt werden. Interessant ist allerdings, dass Journalisten die Chancen von Migranten bei anderen Medien nahezu durchweg höher einschätzen: Die befragten Printjournalisten sagten meistens sinngemäß: Beim Fernsehen oder Radio hätten Migranten bessere Chancen, da sich ihre Sprachprobleme dort schneller versenden als in der Zeitung, wo das Schriftdeutsch höhere sprachliche Anforderungen an die Migranten stellt. Die Rundfunkjournalisten sagten sinngemäß das Gegenteil: Bei Zeitungen könnten die sprachlichen Fehler redigiert werden, wohingegen ein solche Vorgehen bei Live-Medien wie dem Radio oder Fernsehen nicht möglich sei. Der gemeinsame Nenner war, dass die meisten der Befragten explizit oder implizit aussagten, Menschen mit Migrationshintergrund sprächen zu schlecht Deutsch, um im Journalismus Fuß zu fassen – eine Einschätzung, die nur die wenigsten durch eigene Erfahrungen belegen konnten. Den Fokus auf sprachliche Komponenten unterstreichen auch die Antworten auf die Frage, welche Faktoren bei der Einstellung von Migranten förderlich oder hinderlich wirken könnten: Einerseits erhoffen sich viele Personalverantwortlichen von migrantischen Bewerbern vor allem Auslandskompetenz, Zugang zu anderen Kulturen und einen kulturellen Austausch innerhalb der Redaktion. Sie fürchten aber andererseits schlechte Sprachkenntnisse, fehlerhafte Grammatik, einen störenden Dialekt und mangelndes Ausdrucksvermögen. Zudem wurden immer wieder mögliche Konflikte mit Religion oder Weltanschauung von Migranten als hemmende Kriterien angegeben (vgl. Abb. 1).

Auch bei der Frage, was ein Journalist mitbringen müsse, um eingestellt zu werden, wird deutlich, dass die befragten Medienunternehmen die (angenommen

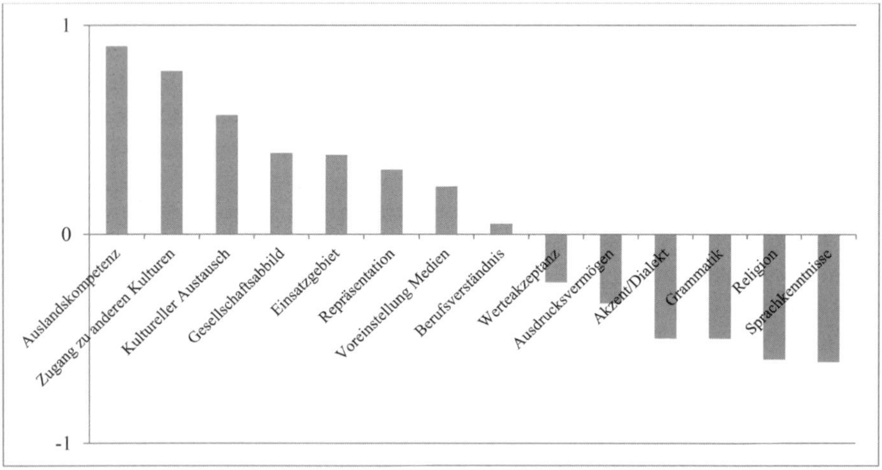

Abbildung 1: Mittelwerte der Faktoren für die Einstellungen von Migranten in Medienunternehmen (n = 41)
Quelle: eigene Darstellung

oder tatsächlichen) Eigenschaften von Migranten nicht schätzen: Einwanderungs- und Auslanderfahrung werden als völlig unwichtig abgetan, während einwandfreies Deutsch als am wichtigsten gilt (vgl. Abb. 2).

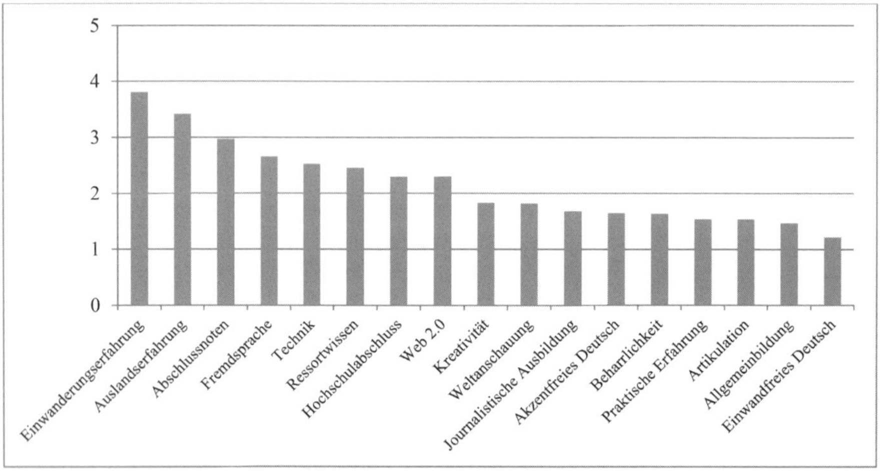

Abbildung 2: Mittelwerte: Was muss ein Journalist mitbringen, um eingestellt zu werden? (n = 76)
Erklärung: Niedrige Werte stehen für wichtige Faktoren, hohe Werte für unwichtige: „sehr wichtig" (1), „wichtig" (2), „mittel" (3), „unwichtig" (4) oder „sehr unwichtig" (5)
Quelle: eigene Darstellung

Dass die geringe Zahl von Journalisten in Deutschland bei den meisten privatwirtschaftlichen Medienunternehmen nicht als drängendes Problem begriffen wird, unterstreichen auch die Aussagen der abschließenden Frage, ob die Einstellung von Migranten im Journalismus grundsätzlich politisch gefördert werden solle – die Bundesregierung hatte eine solche Förderung in ihrem „Nationalen Aktionsplan Integration" explizit gefordert (vgl. Bundesregierung 2012: 162). Diese Haltung stößt bei den meisten Befragten in den Medienunternehmen auf Ablehnung: Die Mehrheit der Antwortgeber sprach sich gegen eine solche Förderung aus, während nur ein kleiner Teil eine politische Lösung (beispielsweise über eine Quote) befürwortet (vgl. Abb. 3).

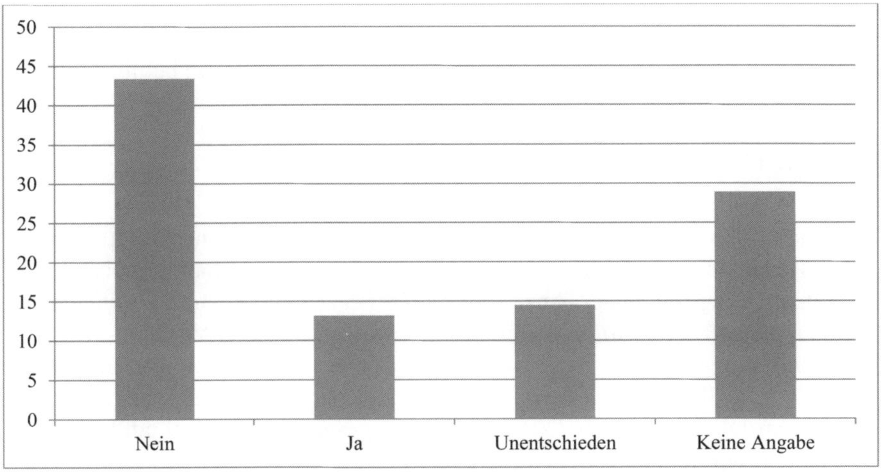

Abbildung 3: Soll die Einstellung von Journalisten mit Migrationshintergrund gefördert werden? (n = 76)
Quelle: eigene Darstellung

Es zeigt sich also in vielen Fällen, dass das Problembewusstsein bei den befragten Medienunternehmen nicht sehr stark ausgeprägt ist. Denn auch wenn die meisten Befragten die aktuelle Situation als „unzureichend" bewerten, kommen aus den Medienorganisationen kaum eigene Impulse, das Problem anzugehen. Viele der befragten Geschäftsführer, Chefredakteure und Redaktionsleiter hatten sich vor ihrer Teilnahme an der Studie noch nie mit dem Problem der großen Differenz zwischen der Anzahl der Einwohner mit Migrationshintergrund und der Anzahl migrantischer Journalisten in Deutschland beschäftigt.

Fazit und Ausblick

Das Problem der wenigen Migranten in deutschen Medienunternehmen bleibt zunächst ungelöst, weil Vorbehalte offenbar sowohl auf Seiten der Migranten wie auch der Medienorganisationen existieren. Wenngleich viele Fragen zu den Zusammenhängen und Hintergründen dieser Einstellungen noch nicht ausreichend erforscht sind, lässt sich eines mit Sicherheit festhalten: In Zeiten sinkender Geburtenraten werden Menschen mit Migrationshintergrund zumindest langfristig eine wichtigere Rolle für Medienunternehmen spielen müssen, wenn sie die besten Bewerber ansprechen wollen. Viel wichtiger werden Migranten aber zukünftig als Zielgruppe für journalistische Produkte – als Leser und Anzeigekunden (vgl. Brinkmann 2013). In Zeiten sinkender Auflagen und fallender Werbeeinnahmen werden Menschen mit Migrationshintergrund vor allem für lokale und regionale Printmedien zentrale Ansprechpartner, um die man sich verstärkt bemühen muss.

Literatur

Brinkmann, Janis (2013): „Wir haben oft so eine Wagenburgmentalität." Leitende Redakteure zur Bedeutung von Migranten für den Lokaljournalismus. In: Pöttker, Horst/Vehmeier, Anke (Hrsg.): *Das verkannte Ressort. Probleme und Perspektiven des Lokaljournalismus*. Wiesbaden: Springer VS: 259–278.

Bundesregierung (2012): Nationaler Aktionsplan Integration. Zusammenhalt stärken – Teilhabe verwirklichen. URL: http://www.bundesregierung.de/Content/DE/_Anlagen/IB/2012-01-31-nap-gesamt-barrierefrei.pdf?__blob=publicationFile Stand: Dezember 2013.

Geißler, Rainer/Horst, Pöttker (Hrsg.) (2009): *Massenmedien und die Integration ethnischer Minderheiten. Band 2: Forschungsbefunde*. Bielefeld: Transcript Verlag.

Geißler, Rainer/Enders, Kristina/Reuter, Verena (2009): Wenig ethnische Diversität in deutschen Zeitungsredaktionen. In: Geißler, Rainer/Horst, Pöttker (Hrsg.): *Massenmedien und die Integration ethnischer Minderheiten. Band 2: Forschungsbefunde*. Bielefeld: Transcript Verlag, 79–118.

Micus, Matthias/Walter, Franz (2006): Mangelt es an „Parallelgesellschaften"? In: Landeszentrale für politische Bildung Baden-Württemberg (Hrsg.): *Zuwanderung und Integration. Der Bürger im Staat*. S. 215–221.

Statistisches Bundesamt (2011): Mikrozensus: Bevölkerung und Erwerbstätigkeit. Bundeszentrale für politische Bildung. URL: http://www.bpb.de/nachschlagen/zahlen-und-fakten/soziale-situation-in-deutschland/61646/migrationshintergrund-i Stand: Dezember 2013.

Statistisches Bundesamt (2010): Fachserie 1, Reihe 2.2 Bevölkerung und Erwerbstätigkeit, Bevölkerung mit Migrationshintergrund, Wiesbaden 2010, Textteil: Methodische Bemerkungen mit Übersicht über die Ergebnisse.

Zusammenfassung der Abschlussdiskussion: Zukunft der Afrikaberichterstattung

Sarah Tober

Nach der Präsentation der Ergebnisse aus den einzelnen Panels leitete Moderatorin Nkechi Madubuko zur abschließenden Diskussion der Fachtagung „Afrika 3.0“ über, an der Bernd Ludermann, Chefredakteur der Monatszeitschrift *welt-sichten*, und Abdullai Awudu, Programmdirektor bei *Multi TV* in Ghana, teilnahmen. Die Abschlussdebatte drehte sich vor allem um mögliche Lösungen zur Verbesserung der oft defizitären Afrikaberichterstattung in deutschen Medien und darüber hinaus.

Ludermann erklärte, es gebe bei seinem Magazin *welt-sichten* sowohl deutsche als auch nicht-deutsche Autoren. Das Problem sei in diesem Zusammenhang gelegentlich, dass afrikanische Autoren Wissen über den afrikanischen Hintergrund von Beiträgen voraussetzten, was dem deutschen Rezipienten Schwierigkeiten verursache. Kenntnisse über kulturelle Hintergründe seien also nicht nur für deutsche Auslandsberichterstatter in Afrika wichtig, sondern auch für afrikanische Journalisten, die deutsche Medien bedienen. Allerdings müsse nicht die ganze Kultur gekannt werden, ein elementares Verständnis sowie Kenntnisse über die Fragen des deutschen Publikums seien aber unabdingbar.

Ein grundsätzliches Problem für die Auslandsberichterstattung sieht Ludermann darin, dass Journalisten mit außenpolitischen Themen schwieriger Karriere machen könnten. In Krisenzeiten würden zudem bei vielen Medienunternehmen zuerst Ausgaben im internationalen Bereich gekürzt. Darüber hinaus machte Ludermann darauf aufmerksam, dass schlechte Arbeitsbedingungen deutscher Journalisten wie Geld- und Zeitmangel zu zunehmender Personalisierung in der Berichterstattung führten, wobei wichtige Hintergrundinformationen und Details verloren gingen. Außerdem äußerte Ludermann die Einschätzung, dass das Bedürfnis nach einfachen Antworten nach einem „Gut-Böse-Schema“ zunehme und die Bedeutung der Unterhaltungsindustrie stark wachse. Er bemängelte, dass viele Medien besonders auf die Vorlieben des Publikums eingingen, da sie vor allem auf

Quoten und Auflage bedacht seien. Daraus resultiere auch in der Afrikaberichterstattung ein oft minderwertiges journalistisches Angebot, das gleichzeitig die Erwartungen an künftige Berichterstattung reduziere, was zu einer Negativspirale in der Afrikaberichterstattung führe.

Ein weiteres Thema der Abschlussdiskussion war die große Ausdifferenzierung der medialen Formate. Früher, so Ludermann, habe es zwei bis drei Mainstream-Fernsehsendungen gegeben, die so gut wie jeder geschaut habe. Heute gebe es ein viel breiteres Angebot. Durch diese Fülle an Informationen steige auch das Risiko von Kommunikationsblasen: Der Rezipient sehe beispielsweise im Netz nur noch, was er kenne, oder ließe sich von Beiträgen locken, die mit seiner eigenen Meinung übereinstimmten.

Der Journalist Abdullai Awudu stimmte zu, dass es unverzichtbar sei, Kontexte in der Auslandsberichterstattung deutlicher hervorzuheben. Symbole, Bilder und Bedeutungen müssten erkannt, verständlich aufbereitet und vermittelt werden, um verantwortungsvoll zu kommunizieren und den Rezipienten mit korrekten Informationen zu versorgen. Bei länderübergreifenden Zusammenarbeiten zwischen Deutschland und afrikanischen Nationen sei es wichtig, die Balance zu finden zwischen dem, was der betroffene Journalist erzählen wolle, und dem, was von ihm erwartet werde zu liefern. Von dem verbreiteten Klischee, die Leser wollten vor allem Negativthemen in der Berichterstattung, müsse man sich als Journalist lossagen. Auch positive Geschichten seien gefragt, es sei allerdings Aufgabe des Journalisten, diese Themen „kreativ zu verpacken".

Abschließender Kommentar

Zum Abschluss der Diskussion wies Thomas Mösch, Leiter des Haussa-Programms der *Deutschen Welle*, noch darauf hin, wie wichtig die Mobilisierung von Journalisten mit Migrationshintergrund in deutschen Medien sei, da diese – zum Beispiel durch Erfahrungen von Rassismus im eigenen Lebensalltag – andere Blickwinkel in die Berichterstattung integrieren könnten. Zuletzt deutete er allerdings auch auf die Schwierigkeit hin, dass es aufgrund von Sprachbarrieren und der geringen Verbreitung der deutschen Sprache auf dem afrikanischen Kontinent, sehr aufwendig und zeitintensiv sei, Beiträge in Afrika zu produzieren, die sich an ein deutsches Publikum richten.

Anhang

Biografien der Referenten

John Emeka Akude ist seit 2011 Wissenschaftlicher Mitarbeiter beim Deutschen Institut für Entwicklungspolitik in Bonn. Er war Berater im Bundesministerium für Wirtschaftliche Zusammenarbeit und Entwicklung und entwarf unter anderem ein Papier zu „Medien und Entwicklung". Er ist gebürtiger Nigerianer.

Abdualli Awudu is currently the Director of Program for *MultiTV*, a satellite platform that operates out of Ghana. He works with a team that designs, creates and acquires content for the various channels on the platform. Awudu graduated from the National Film and Television Institute (NAFTI) in 1996, majoring in Directing, Producing, and Scriptwriting for Film and Television.

Markus Behmer ist Professor für empirische Kommunikatorforschung am Institut für Kommunikationswissenschaft der Universität Bamberg. Seine Themenschwerpunkte sind aktuelle Medienentwicklungen, Journalismusforschung, Kommunikationsgeschichte sowie internationale Kommunikationsbeziehungen und dabei insbesondere Fragen der Medienfreiheit und der Medienförderung.

Regine Beyß arbeitete drei Jahre lang als freie Mitarbeiterin für den *Aachener Zeitungsverlag* bevor sie 2009 ihr Journalistik-Studium an der TU Dortmund begann. Bei der *Main Post* in Würzburg absolvierte sie ihr Volontariat. Seit einigen Jahren ist sie in verschiedenen NGOs und politischen Bewegungen aktiv und beschäftigt sich als freie Journalistin vor allem mit gesellschaftskritischen Themen.

Marie Odile Bonkoungou Balima ist die außerordentliche und bevollmächtigte Botschafterin von Burkina Faso in der Bundesrepublik Deutschland.

Ama Biney lehrt aktuell am Birkbeck College der University of London und hat seit mehr als 15 Jahren im Weiterbildungssektor im Vereinigten Königreich gearbeitet. Ihren Doktortitel hat sie an der School of Oriental and African Studies

(SOAS), University of London, erworben. Gemeinsam mit Adebayo Olukoshi hat Biney das Buch „Speaking Truth to Power: Selected Pan-African Postcards of Tajudeen Abdul-Raheem“ herausgegeben.

Janis Brinkmann hat Journalistik, Politikwissenschaften und Wirtschaftswissenschaften in Dortmund und Bochum studiert und promoviert aktuell über medienpolitische Strategien. Er arbeitet seit 2006 in der journalistischen Wissenschaft und Praxis.

Stefan Ewers hat Finanzwissenschaften in Nordkirchen und Islamwissenschaften, Politikwissenschaft und Geschichte in Bonn und Freiburg studiert. Er ist ehrenamtliches Mitglied im Vorstand von „Gemeinsam für Afrika“ und beruflich im Vorstand von „CARE“ Deutschland-Luxemburg.

Susanne Fengler ist Professorin für internationalen Journalismus an der TU Dortmund und Wissenschaftliche Leiterin sowie Geschäftsführerin des Erich-Brost-Instituts für internationalen Journalismus.

Ildiko Holderer studiert Journalistik in Dortmund. Derzeit laufendes Volontariat beim *Westdeutschen Rundfunk*. Freiberufliche Tätigkeit vor dem Volontariat für die *Rheinische Post* und die *Ruhr Nachrichten*.

Markus Kreutler hat Journalistik, Politikwissenschaften und Lusitanistik in Dortmund und bei Gastaufenthalten in Prag und Lissabon studiert. Volontariat bei der *Main Post* und freiberufliche Tätigkeit für unterschiedliche Medien. Seit 2010 ist er wissenschaftlicher Mitarbeiter am Dortmunder Institut für Journalistik und beschäftigt sich mit Auslands- und EU-Berichterstattung.

Nike Laurenz studiert Journalistik und Anglistik in Dortmund. Nach mehrjähriger Erfahrung in verschiedenen Print- und Hörfunk-Redaktionen in Münsterland und Ruhrgebiet absolviert sie zurzeit ein Volontariat beim *Kölner Stadt-Anzeiger*.

Patrick H. Leusch hat lange Jahre als Redakteur und Reporter für TV- und Radiosender gearbeitet. Er war zudem stellvertretender Hörfunk-Korrespondent der *ARD* für Westafrika. Seit 1998 war er als Trainer und Berater für die *DW Akademie* tätig. Heute leitet er den Bereich internationale Kooperation an der *DW Akademie* und ist für internationale Netzwerke, das Fundraising und die Entwicklung strategischer Medienprojekte zuständig.

Silvia Liebrich ist seit 2000 Redakteurin im Wirtschaftsressort der *Süddeutschen Zeitung*. Sie schreibt u. a. über Gentechnik, Lebensmittel, Umwelt, Rohstoffe, Welthandel und Afrika. Sie hat Wirtschaftswissenschaften und Journalistik studiert und unter anderem für die *Deutsche Presse-Agentur* und das *Handelsblatt* gearbeitet.

Lutz Mükke ist Program Coordinator Journalism, Science and International Relations bei der Medienstiftung der Sparkasse Leipzig und Mitherausgeber von *Message, Internationale Zeitschrift für Journalismus*.

Günter Nooke ist persönlicher Afrikabeauftragter der Bundeskanzlerin im Bundesministerium für wirtschaftliche Zusammenarbeit und Entwicklung (BMZ). Zahlreiche Artikel in Zeitungen, Zeitschriften und Büchern zu unterschiedlichen Themen, Mitherausgeber des „Lexikon des DDR-Sozialismus" sowie von „Gelten Menschenrechte universal? Begründungen und Infragestellungen".

Japheth Omojuwa is a famed African blogger and public speaker. He uses new media to drive online conversation around citizens' participation in governance. He is a regular on most television and radio platforms in West Africa and has been featured in some European media platforms. He writes every other week for Nigeria's biggest newspaper *The Punch*.

Manuela Sambo ist in Angola geboren und aufgewachsen und kam 1984 zum Studium in die ehemalige DDR, wo sie parallel zu ihrem Studium der Germanistik und Literaturwissenschaften ihre künstlerische Tätigkeit begann. Die Künstlerin beschäftigt sich mit Fragen der Rezeption afrikanischer Kunst in Europa und von europäischer Kunst in Afrika.

Claus Stäcker verantwortet die Afrika-Programme innerhalb der Multimediadirektion Regionen der *Deutschen Welle*. Als Stipendiat der RIAS Berlin Kommission besuchte er 1995 die US-School of Journalism der University of Columbia (Missouri) und absolvierte ein Praktikum beim Nachrichtensender *CNN* in Atlanta. Ab 2001 zog es ihn wiederholt nach Südafrika – zunächst in Vertretungsfällen für den *ARD*-Korrespondenten. 2008 übernahm Stäcker offiziell den Korrespondentenplatz für das südliche Afrika in Johannesburg.

Julia Stollenwerk hat Angewandte Literatur- und Kulturwissenschaften, Journalistik und Politik in Dortmund und Kapstadt studiert. Sie absolvierte mehrere journalistische Praktika, unter anderem bei einer ghanaischen Tageszeitung. Ein

Schwerpunkt ihres Studiums war die Darstellung Afrikas in den Medien und der deutschen Alltagskultur.

Martin Sturmer hat Afrikanistik und Kommunikationswissenschaft in Wien und Dar es Salaam studiert. Er betreibt die Nachrichtenagentur *afrika.info* in Salzburg und ist Autor des Buches „Afrika! Plädoyer für eine differenzierte Berichterstattung“.

Veye Tatah lebt seit 1991 in Deutschland. Schon während des Informatik-Studiums gründete sie den Verein „Africa Positive“ und das gleichnamige Magazin. Ihr Ziel: Den Deutschen ein realistischeres Afrikabild vermitteln und so die Integration der Afrikaner in Deutschland fördern. Zurzeit ist sie selbstständige Beraterin und Projektmanagerin im Bereich Informationsmanagement sowie in politischen und kulturellen Angelegenheiten. Außerdem ist sie Chefredakteurin von *Africa Positive*.

Sarah Tober studiert Angewandte Literatur- und Kulturwissenschaften, Journalistik und Psychologie an der TU Dortmund.

Birgit Virnich ging in Südafrika zur Schule und studierte Journalismus, Film und Internationale Politik in Kanada, USA und Großbritannien. Nach siebenjähriger Tätigkeit für diverse *ARD*-Anstalten, die *BBC* und *Channel 4* in London, ging sie zum *WDR*, war dort Redakteurin und Autorin, unter anderem beim „Morgenmagazin“ und bei „Monitor“. Heute arbeitet Birgit Virnich als Redakteurin und Reporterin in der *WDR*-Auslandsredaktion und in der Redaktion von „die story“.